地域に生きる大学

松阪大学地域社会研究所叢書 3

中井良宏・片山尊文
宇田 光・山元有一
［著］

和泉書院

目　次

序章　生涯学習社会における大学の役割　　　　　　中 井 良 宏　　1

1章　大学教育に対する学生の意識、教員の意識　　片 山 尊 文
　　　　　　　　　　　　　　　　　　　　　　　山 元 有 一　　11
　　　　　　　　　　　　　　　　　　　　　　　中 井 良 宏
　　　　　　　　　　　　　　　　　　　　　　　宇 田　　光

2章　大学の授業改革のゆくえ　　　　　　　　　　宇 田　　光
　　　　　　　　　　　　　　　　　　　　　　　中 井 良 宏　　47
　　　　　　　　　　　　　　　　　　　　　　　片 山 尊 文
　　　　　　　　　　　　　　　　　　　　　　　山 元 有 一

3章　大学教員の地域社会への貢献　　　　　　　　宇 田　　光　119
　　　　巡回スクールカウンセラーの立場から

4章　大学教育改革を巡る歴史と教訓　　　　　　　山 元 有 一　137
　　　　20世紀前半のドイツにおける高等教育学運動を参考にして

5章　大学開放センターの発展　　　　　　　　　　片 山 尊 文
　　　　　　　　　　　　　　　　　　　　　　　山 元 有 一　183
　　　　　　　　　　　　　　　　　　　　　　　中 井 良 宏
　　　　　　　　　　　　　　　　　　　　　　　宇 田　　光

序章　生涯学習社会における大学の役割

中　井　良　宏

　科学技術の高度化、情報化、国際化、産業構造の変化など社会・経済の変化。自由時間の増大や高齢化。また国民の教育・文化水準の向上。これらを背景に、地域の人々の学習意欲が増大している。そのため生涯学習における学習内容は、知識や技術の向上をめざすものから心の豊かさや生きがいのための学習など幅広い。いわば教養的内容、実学的内容から一層高度化、専門化された広範囲の内容までが求められてきている。「我が国の文教政策」（文部省、平成10年度）に、「生涯学習社会の必要性」として、「いわゆる学歴社会の弊害を是正し、心の豊かさや生きがいのための学習意欲の増大や、社会経済の変化への対応が求められている中、人々が、生涯のいつでも、自由に学習機会を選択して学ぶことができ、その成果が適切に評価されるような生涯学習社会の構築を目指していくことは極めて重要な課題である。」と記されている。

　今日、地方自治体によるさまざまな生涯学習講座、民間教育事業者によるカルチュアセンター、また高等学校や専門学校による生涯学習、さらには大学・短期大学などの生涯学習講座、大学開放など、今やさまざまな機関や諸施設で、生涯学習活動が展開されてきている。とりわけ、地域社会においては、教養的内容から専門的内容を提供できる高等教育の積極的な役割が期待されている現状といえよう。前掲「我が国の文教政策」（平成10年度）は「大学等の高等教育機関は、高度で体系的かつ継続的な学習機会の提供者として、生涯学習社会の中で重要な役割を果たすことが期待され、広く社会に開かれることが求められる。」と指摘している。

　生涯学習社会における大学の役割を果たしていくために各大学では、(1)高

度で専門的、体系的な学習ニーズに応え、体系的、継続的な学習機会を充実・強化していくこと、(2)専門的、職業的な分野などだけに限らず、趣味、教養などの広範な学習分野をも充実することなど、開かれた大学づくりに積極的に取り組んできている。

　最近では、地方自治体による大学との連携がさかんに進められ、産・官・学の協同・連携の動向が活発化している。また、18歳人口減による大学生き残り策として、大学経営の観点から、大学のイメージアップの面からも、地域住民に対する生涯学習講座を大学が開講する傾向もある。無論、大学が生涯学習講座等の活動をおこなう目的は、大学の社会的サービスや教育・研究の更なる活性化が中心的なものであろう。

　現代の大学は、教育・研究・生涯学習（社会的サービス）を基本的な機能として、開かれた大学としての役割が期待され、また求められている。これまで大学は、社会人特別選抜や社会人大学院の拡大、夜間大学院、昼夜開講制の拡充、大学通信制課程の充実、科目等履修制度の活用、研究生・受託研究員制度の拡大、放送大学の全国化などを進めてきた。最近の10数年における、地域の人々に開かれた大学づくりに積極的に取り組んできた、筆者が勤務する松阪大学の場合を一例として以下ご紹介する。生涯学習社会における大学の役割を考察する一助となれば幸いである。

　松阪大学の地域に開かれた取り組みの概要については、三重6大学公開講座　96　ファイナル　シンポジウム[1]、テーマ「21世紀の大学のあり方について」（地域に開かれた大学づくりと生涯学習が事前に知らされていたテーマであった。）の記録集で筆者（当時、政治経済学部長）が発言している内容に当時、時間の関係で説明不足の箇所や、その後数年間経過していることから一部補筆し以下、内容の一部を引用、紹介させていただく。（　）内は今回補筆した部分である。

　前文略。まず、大学というのはよく言われますように、教育、研究、さらには今日では生涯学習機能ということで、三つの大きな柱があるのではないかと考えております。本日はそのうちの、特に開かれた大学ということで、

生涯学習に焦点をしぼってこれから申し上げたい。私どもの大学は1982（昭和57）年に、公私協力方式によって出来た大学であります。すなわち、地域の皆様方のご要望やご期待は当然のことではございますが、地元松阪市をはじめ三重県の強いご支援ご要望があって設立された大学であります。それだけに開学当初から今日まで私どもなりに地域に開かれた大学を目指して努力をしてきました。以下、4点ほど簡単にご説明をいたしたいと思います。

　まず、第1点ですが、一つは大学教育内容の開放であります。これは学生を対象とした教育研究機能をそのまま社会人の方に開放するものであります。具体的に申しますと、例えば社会人の特別選抜入試というのがあります。それから科目等履修生ですね（上記以外に、1988〜91年に一般教養科目の「総合講座」を社会人に公開。テーマ：「人と思想」「地域と人間」「自然と人間」など）。こういう制度を社会人の方に活用いただいております。なお私どもは、来年4月の開設を目指して大学院政策科学研究科の準備を進めております。これが認可されますと、社会人の方にもおおいに学んでいただこうと、昼夜開講制の授業スタイルで、つまり職場を休まれることなく平日の夜間と土曜日だけをご利用いただくだけで、大学院での学習が可能です。これも社会人に開かれた、また地域に開かれた大学院であります。（現在では修士課程だけでなく博士課程も設置され、30数名が学んでおられますが、大学院生のほとんどが社会人の方であります）。

　それから2つ目には大学付置の地域社会研究所、ならびに研究会とか研究雑誌の刊行についてであります。時間の関係がございますので、地域社会研究所だけに限って申し上げたいと思います。地域社会研究所では、地域社会に関する諸問題を理論的ならびに実証的に研究していき、地域社会の発展に寄与することがねらいであります。1987年に設置されまして、今日まで学部の専門性を生かした教員の自主研究、あるいは松阪市や三重県や三重社会経済研究センター、さらには民間企業からの受託研究や共同研究をおこなってきたのであります。また研究成果の公表のため地域社会研究所の所報とか、研究会、講演会などを開いています。さらにまたこの研究所の構成でありますが、教員の他に客員所員（後に研究員に名称が変更）としてお招きした地

域の方々との連携、またご協力をいただいて研究を進めているのであります。地域における教育研究の中心としての役割を果たしていくためにも、やはり地域社会のニーズに応える研究というものを、今後さらに進めていきたいと考えているのであります。(現在では研究員のほか、県内公立高校の教員が内地留学され、地域社会の教育などに関する研究に励んでおられます。)

　3つ目ですが、これは生涯学習に関わる内容でございます。ご承知のように生涯学習のニーズの中には、今日のように社会の進展や急激な変化、あるいは高齢化の進行に対応するために新しい内容、例えば知識や技術やあるいは職業的な技術を習得する。さらには生きがいとしての趣味や教養などがあると思います。また同時に地域の人々が身近な地域で学びたいという要望に応えられる生涯学習のプログラムを本来準備することが、また大学の新たな役割ではないかと、考えるわけでございます。私どもは現在中国語の講座であるとか、近現代史の講座であるとか、(これらは本日会場の皆様方には資料を配布させていただいておるかと思います。)それからさらには硬式テニスの講座とか、こういうものを継続的にあるいは体系的に考えてこれまでやってきたのであります。(中国語講座や硬式テニス教室のほか、松阪大学公開講座・空港と道路と三重ほか3講座、松阪の誕生ほか2講座、衛星中継公開講座・中京大学及び中部経済同友会主催による経済、経営シリーズ講座、ビジネス・ゼミナール（1992年度は経営ゼミナール)、『世界の現代史を学ぶ』講座、この講座は1993年〜1996年まで開講され、1995年11月に『世界の現代史を学ぶ』の書名で、また、1998年3月には『現代史の世界へ』の書名で、いずれも晃洋書房から出版された。そのほか、『21世紀の日本経済を学ぶ』をはじめ種々な講座を開講し現在に至っている。次に文化講演会については、学内の教員と学外の著名な方とで、年2回を原則として開催してきた。学外講師の一部をあげれば、加藤寛『改革の時代』1988年、団伊玖磨『音楽と旅』1989年、渡辺利夫『アジアの中の日本』1990年、磯村尚徳『世界の中の日本』1991年、江崎玲於奈『21世紀に向けての教育』1992年、加瀬英明『なぜ日本はこれほど素晴らしい国なのか』1993年、浜田宏一『日米経済摩擦の背景』1993年、佐々淳行『日本に求められるもの：国際貢献のあり方』

1994年、堀江湛『村山内閣と激動する政局』1994年、小島朋之『鄧小平後の中国』1995年、ロナルド・ドーア『戦後50年の日本』1995年、山崎豊子・小島朋之・山下輝彦・竹内実『日中関係の歴史と未来を考える』1996年、寺谷弘壬『21世紀と私たち：世界は今』1998年、櫻井よしこ『変革を迫られる日本』1998年などである。

　次にシンポジウムについて、これまでの主だったものについて挙げれば、「政治改革と選挙制度」（内田健三氏・福岡政行氏他）1991年、「グローバルな環境問題を考える」（中村元氏・宇沢弘文氏他）1992年、このシンポジウムの内容は『グローバルな環境問題を考える』中村元氏代表・中村雄二郎・日野啓三・山折哲雄・長谷川逸子・宇沢弘文・大来佐武郎・室田武・間宮陽介・石弘之・石田雄・鶴見良行・加藤久和の諸氏により福村出版から出版刊行された。1993年には、松阪大学・慶應義塾大学・中国社会科学院共催による「日中関係の150年：相互依存・共存・敵対」で『日中関係の150年』（山田辰雄編）と題して翌年、東方書店から出版された。1994年には「北朝鮮問題と日本」（伊豆見元氏・藤井新氏・平岩俊司氏・小島朋之氏他）で、この内容については『世界の現代史を学ぶ』の第2部として晃洋書房から出版。1995年には、松阪大学・慶應義塾大学・北京大学の共催による「比較近代化論──日本と中国」（山田辰雄氏・笠原英彦氏・涂照彦氏・羅栄渠氏・魏常海氏・李徳彬氏・ギルバート・ローズマン氏他本学関係者）で、シンポジウムの内容は『日中比較近代化論』として晃洋書房から出版。また、1997年には、松阪大学・松阪大学女子短期大学部合同企画「ライフスタイルと文化」で、基調講演を「日本人のライフスタイル」と題し河合隼雄氏、シンポジウム、パネラーは両大学関係者であった。）

　それから4番目ですが、こうした大学開放と言いますか、公開講座に関連して受講者の方に例えば図書館の利用（現在では市民一般に開放している以外に夏休み中は、中学生、高校生にも開放）、またグラウンドの使用など、施設の一部開放をおこなってきたのであります。情報化時代の中で、本学情報処理センターでは本年度は女子短期大学部（現在は、短期大学部）の方で地域社会の人々を対象に情報処理の講座を実施したのであります。

それでは今後大学開放はどうあるべきなのかということであります。まず生涯学習の観点から申しますと、こうした生涯学習社会の中で大学の役割、使命としては大きく2つの点があるのではないかと思います。1つは学生諸君が大学を卒業してから生涯学習を、あるいは生涯学習の原点になるのはいわゆる自己教育力でありますから、つねにこういった自己教育力（自己学習力）、つまり、生涯学習を継続的におこなうことが可能な能力を大学在学中において培っていただく。つまり学ぶ意欲、能力、態度といった自己教育力をしっかり大学時代に養っていただくということが大切であるかと思います（現代では、約2人に1人が大学・短大に進学する状況にあり、また学生諸君の多様化と、とりわけ最近では大学生の学力低下が指摘されています）。もう1つは大学が地域、社会の人々に対して、準備提供する生涯学習のプログラムの内容ではないかと思います。ここでは後者に限って若干申し上げたいと思います。総論としましては、社会の進展や急激な変化、高齢化に対応するために、地域の人々の新たなニーズに応える生涯学習内容を準備していくこと。これからの生涯学習の中で、いわゆる大学がリカレント教育の中枢的な機関として、あるいは地域の生涯学習機関としての役割・使命というものを認識し、大学のもつ教育研究機能を開放していく。そういう活動というものに対して積極的に取り組むことが、今日の社会において大切ではないかということで、以下具体的に3点程申し上げたいと思います。

　まず第一点は、先程申し上げました社会人特別選抜入試や科目等履修生といった制度をご利用いただいている方が大変少ないのであります。そういう意味で今後社会人の方の受け入れについての促進策というものについて、もっと大学というものを身近に感じていただくような、大学側の工夫努力が要るのではないかと思うのであります。

　それから次にはこれまでの文化講演会、あるいは私どもがおこなってきました経営ゼミナールといった講座は、学外の施設を利用しました。例えば松阪市の教育文化会館や市内のホテル。あるいは津で開催しました場合、都ホテル。こうした学外の施設を使用させていただいたのであります。これから公開講座などは、大学のキャンパスだけではなくて、交通至便の地、例えば

駅前であるとか、繁華街近くの例えばテナントビルを借用するといった、そういうところで開催する講座をどんどん増やしていく。いわば、シティキャンパスと言うのでしょうか。あるいはサテライト講座といったようなものを、これからは増やしていく必要があるのではないかとも思います。

またそれぞれの大学が特色を生かした、個性的な生涯学習のプログラムを準備することは当然大切なことであります。しかし一方県内の大学がいわば連携協力、また共同して連合的な生涯学習プログラムを、例えば公開講座といったプログラムを作り、特に都市部だけではなく、郡部、あるいは各地域に出向いて開講する、いわば出前講座というのでしょうか。もっと地域の人々が身近な地域で学びたいという、ご要望に応えられるようなものをひとつの連合体として考えることもいかがなものかと、こんなことを思うのであります。

それから今後大学自身がさらにこういった生涯学習機能というものを推進していくためには、やはり生涯学習に関する専門的知識を積んだ教職員のスタッフがどうしても、必要であります。例えば他の大学で、他府県に見られますような生涯学習教育センター的な、そういう機関が今後必要になるのではないかと思います。私どもの大学では対外活動委員会というところで、教員と事務局の双方が協力し合っておこなっているわけでありますが、大変範囲の広い、また重い仕事を担当しておりますと、やはり種々限界もございます。これも今後の早急な検討課題ではないかと思っています。

最後でございますが、やはり地域に開かれた大学づくりでよく指摘されますことは、大学側から地域社会への情報発信というものを、より活発化するということが大切ではないかと思います。例えば大学の情報としては最近では自己点検評価報告書、あるいは教員の研究業績の内容とか、あるいは共同研究、個人研究の内容であるとか、こうしたものが公表されておりますのも、その一例ではないかと思います。ですから大学がもっている教育研究能力のＰＲ、このこともももちろん大切でございますが、同時に地域の人々の能力、人的資源というものを組み込んだひとつの大学のあり方、つまり地域と連携を図った教育研究機能の活性化というものが同時に地域社会の進展に寄与で

きるのではないかと、いうことについて考えているのであります。(以下、略)

　以上、松阪大学の大学開放というか、生涯学習社会における大学側の取り組みについて概観してきた。筆者は平成元年10月から平成9年3月まで学部長(学部長は入試委員会委員長などをはじめ、大学開放・生涯学習などを審議、検討する対外活動委員会の委員長をも兼務する)職についていたことから、わずかな乏しい体験と限られた一面的な見方からではあるが、現状の諸問題をふまえながら、今後、生涯学習社会における大学のあり方について若干の提言をいたしたい。

　まず第一点として、大学が大学開放や生涯学習機能を一層推進していくには、生涯学習に関する専門的知識を積んだ教職員スタッフの充実が必要である。1999年10月、松阪大学・大学教育研究会が「大学開放に関するアンケート調査」を実施した(5章参照)。その結果内容からも、全国の比較的多くの大学が生涯学習センター(大学開放センターなど)を設置しているものの、資金不足、スタッフ不足、施設不足のことが指摘されている。

　第二点として、大学は教養的内容から専門的内容まで地域社会の人々に生涯学習内容を提供できるため、今後一層地域の人々の学習ニーズに応える内容を開講することが大切である。また、昼夜開講制の学部教育、さらには昼夜開講制の大学院などへの期待は一層強くなるであろう。大学がもつ諸施設、例えば図書館、情報処理施設、スポーツ施設などを積極的に開放していくことも重要なことである。

　第三点として、大学開放に関して、また大学がおこなう生涯学習活動の内容についてはおのずから限界があり、各大学の事情により充分でない分野などについては、他の機関、施設にまかせるという考えもある。つまりあらゆるものを大学が引き受けて地域の人々に提供するのはいかがなものかといった考え方である。こうした点を考慮すれば、例えば大学間同士の連携をはじめ、地方自治体や地域社会の諸団体などとの連携なども、一つの方策であろう。

第四点としては、大学が地域の人々の多様な学習ニーズに応えていくためには、大学がおこなう大学開放・生涯学習プログラムの企画立案、また公開講座などの運営などに関して、大学の教職員スタッフだけでなく、地域の人々も参加することのできる体制作りが必要ではないかと思われる。私どもの経験でも公開講座等の受講者に対するアンケートなどをおこなっているが、今後地域住民の学習ニーズをいかに把握していくのか、これからの課題である。

　第五点として、大学開放や生涯学習を活性化していくには、よくいわれることではあるが、大学が教育の機関から学習の場としての役割を果たしていくことである。学習者の立場からみれば、ただ一方的に教育を受けるのではなく、自らの課題や興味、関心に基づき、とりわけ自主的、主体的な学習活動が展開できるようなあり方、例えば大学教員との共同学習への発展なども一つの例であるが、そうした面から今後考えることも必要ではないだろうか。

　第六点として、大学開放や生涯学習機能を一層強めていくことは、大学の地域に対する社会的サービスの面から当然のことであろう。ただ、そのような活動が結果として大学が本来もつ教育・研究機能の充実、発展につながっていくことが重要なことであろう。

　以上、簡単に述べてきたが、昨今大学をとりまく状況は大変きびしいものがある。大学・短期大学への進学率は年々上昇の傾向にあるものの、18歳人口の減少により、多くの大学の入学定員割れが報道されている。今や、大学生き残りをかけて、教育研究の質的向上は不可欠である。また一方では大学生の学力低下の問題や大学全入時代に備えての大学教育のあり方を模索する声も聞かれる。大学のイメージ・アップの面から大学開放や生涯教育活動に熱心な大学が多いことが先述の調査結果からもうかがえる。これからの大学はいろいろなタイプに多様化していくと考えられるが、そうしたなかで、高等学校卒業生を中心とした伝統的なあり方から、社会人入学の増加、社会人対象の講座などリカレント教育の役割を次第に強めていくのではないかと思われる。そのため多面的な大学教育のあり方や大学運営、経営のあり方が問われはじめている。

注

1）「三重6大学公開講座、ファイナルシンポジウム（平成8年10月19日）記録集」三重県生涯学習センター、平成9年3月。

1章　大学教育に対する学生の意識、教員の意識

片山尊文　山元有一　中井良宏　宇田　光

はじめに

　昨今、大学を取り巻く状況は大きく変化しつつある。学術の進歩や科学技術の進展、社会経済構造の変化、高齢化、高度情報化、急速な国際化の進展や、また学生数の量的増大とその質的多様化、さらにその後に続く18歳人口の減少など、大学は新たな対応にせまられている。近年、大学における授業のあり方が問題とされているのも、その一例である。

　以下に述べるように、これまで問題とされる要因がいくつか指摘されてきている。

　わが国の大学においては、従来、初等教育や中等教育と比較した場合、学生に対する教授法や授業の効果的な方法についての関心が薄く問題にされることが少なかった。また、大学教育の内容を構成する教育課程の基礎原理や方針が各授業担当者に充分理解認識され、日々の授業が実践されてきたかという面でも、あまり関心がもたれなかったといえる。このことは、わが国の大学が伝統的な大学教育観に基づいていたことによる。つまり大学が大衆化されない時代において、大学は学問の府として、選ばれたエリートが入学し、学生は自主的主体的に学習する能力を有することが前提であり、そこではもっぱら教授者からの一方的な講義方式で進められるという、いわば学習者が受け身の授業形態がとられ、こうした講義方法が長く定着化されてきたことによる。また、学生は成人であり自主的主体的に学ぶという目的をもって入学している者であるから、ことさら教育的配慮は必要ではないといった考え方も根底にあったであろう。また、大学の自治の面から、大学における「教

育の自由」は教員同志の授業改善への検討を実質的に困難にさせてきたと思われる。しかしながら、今日、大学は量的に増大し、大衆化が進行し、質的にも多様化した学生や社会の要求に対応していかなければならない状況にある。現在大学のカリキュラムや授業の形態、方法に関しての取り組みや実践がなされつつあるが、依然として大学の伝統的な教育機能と学生のニーズ、また大学における教授者と学習者との意識の乖離は否定し難く、新たな大学教育のあり方が求められている。

大学教育の改革は様々な分野に及ぶが、本研究課題は大学の授業を中心に大学教育に関する学生および教員の意識調査を通して、大学における授業形態の改善、改革や教育課程のあり方など、大学教育機能の充実、改善の方策を検討する手がかりを得るためのものである。

本調査研究が大学における授業の改善や大学教育機能の充実にいささかなりとも貢献できれば幸いである。

本調査研究は、教育改善のために筆者らの所属する大学・短期大学部の学生、教員を対象として行った調査に基づいており、一大学、一短期大学部のケース・スタディ的な色彩を帯びた具体的、実際的なものである。しかし、本学のおかれている状況は他大学にも共通する問題でもあり、結果を公表する意義は決して少なくないと考える。

なお、本調査は、松阪大学政治経済学部政治経済学科および松阪大学女子短期大学部、国文学科、生活科学科、幼児教育学科、音楽学科の学生および教員を対象に行ったものである[1]。

方　　　法

平成6年10月に松阪大学政治経済学部（現政策学部。以下、松阪大学と略す）および松阪大学女子短期大学部（現松阪大学短期大学部。以下、短期大学部と略す）の学生を対象にアンケート調査を実施した。回収数は松阪大学1年生52（男46、女6）、2年生81（男73、女8）、3年生62（男58、女4）、4年生39（男28、女11）の計234であり、短期大学部では1年生51（国文学科5、生活科学科15、幼児教育学科13、音楽学科18）、2年生65（国文学科

19、生活科学科13、幼児教育学科33)の計116であった。

平成7年4月には両学教員に対しても学生とほぼ同様のアンケートを行った。回収数は松阪大学教員25、短期大学部教員20、計45であった。

アンケート内容は大きく分けると、1.「本学の授業について」、2.「大学の教員について」、3.「学生について」の3問よりなっている。記入形式は4～5段階の評定尺度で、それぞれについて自由記述の欄も設けた。

今回の集計では学年、男女、学科は込みにして、松阪大学学生（234）、短期大学部学生（116）、松阪大学教員（25）、短期大学部教員（20）の4種類の結果を示してある。

なお、各設問の回答件数と全体の回収件数が一致しないものがあるが、これは当該設問に記述がない回答者がいた場合である。

結　果

問1　本学の授業について

1-1　授業形態に関する質問

A 講義、B セミナー・演習、C 実習・実技・実験それぞれについて、「興味がある」、「わかりやすい」、「参加感がある」、「授業に満足できる」、「成績評価が公平」の5問を設定し、それぞれ5段階の評価となっている。

各設問ともに講義よりはセミナー・演習、実習・実技・実験の方が得点が高い。また松阪大学と短期大学部では相対的に短期大学部の方が得点が高い。短期大学部ではセミナー・演習よりは実習・実技・実験の得点が高いのに対し、松阪大学ではほとんど差がみられない。短期大学部では実習・実技・実験の「興味がある」、「参加感がある」は4以上の高得点となっている。他方、松阪大学では講義に関して、「興味がある」以外は3以下の低い得点となっている。

なお、両学の教員に対しても同一の設問を、「学生はどう感じていると思うか」という形で答えてもらっているが、学生とほぼ同様の結果を得ている。（図1～図4）

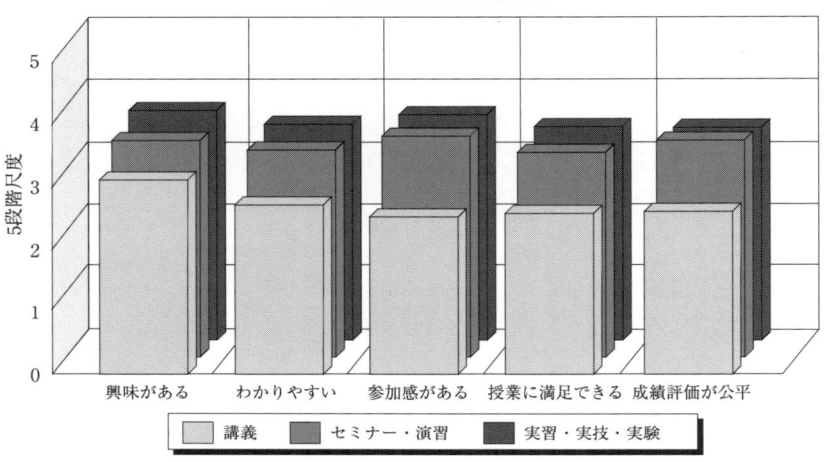

図1 授業形態
松阪大学学生 N=234

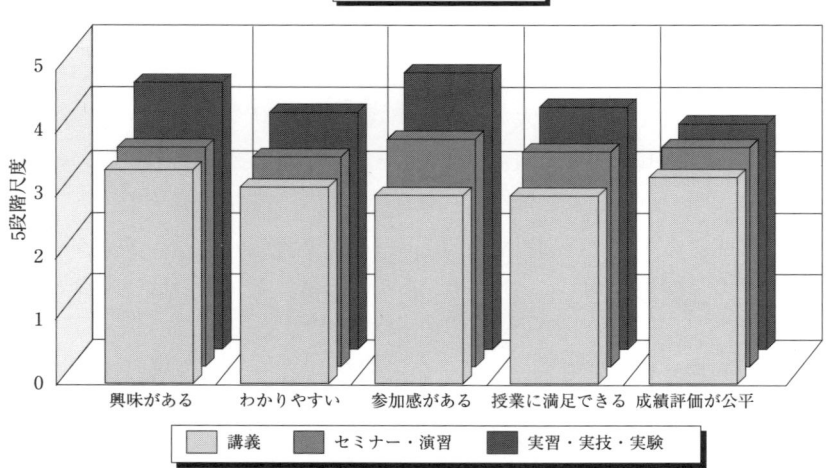

図2 授業形態
松阪大学学生 N=115

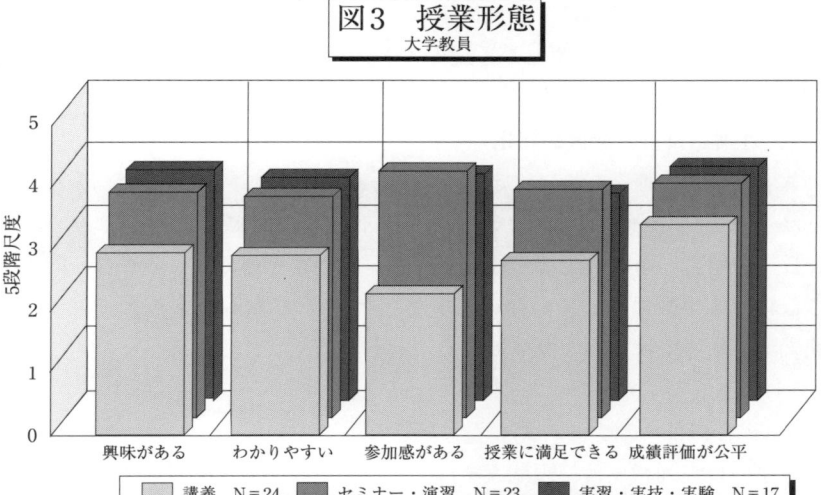

図3　授業形態　大学教員

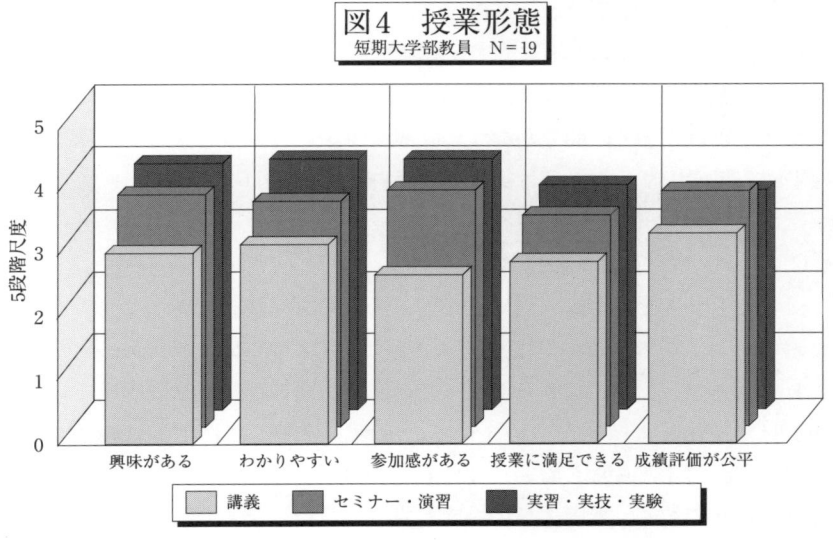

図4　授業形態　短期大学部教員　N=19

1-2 教育制度に関する質問

以下の A～G について「とてもよい」「よい」「悪い」「どちらともいえない」「わからない」のいずれかを選択する。

A．外国語科目の選択必修化

学生の場合、両学ともに肯定的な意見が大多数をしめているが、否定的意見は松阪大学で14.6％あり、短期大学部の3.5％と比較し、かなり多い。他方教員の場合、短期大学部では肯定的意見が70％を占めているが、松阪大学では48％と半数に達していない。また、「悪い」は松阪大学教員で32％、短期大学部教員では15％となっている。（図5）

B．総合科目でのチームティーチング[2]

学生の肯定的意見は、短期大学部で50％、松阪大学で45.1％となっている。「わからない」「どちらともいえない」も両学ともにかなり多い。否定的意見は短期大学部4.4％に対し松阪大学では15.9％となっている。教員の場合、松阪大学と短期大学部でかなりの差がみられる。短期大学部では肯定的意見が80％、否定的意見は0％に対し、松阪大学では肯定的44％、否定的20％となっている。また、短期大学部の場合、学生の肯定的意見50％に対し、教員80％と、教員と学生の間でかなりの認識の差がみられる。なお、松阪大学では平成7年度よりこの制度は実施されていない。（図6）

C．ブック型パソコンの携帯[3]

松阪大学学生で肯定的意見は51.5％、否定的意見が20.2％となっている。なお短期大学部ではこの制度は導入されていないので「わからない」「どちらともいえない」がかなり多くなっている。教員の場合、松阪大学では肯定的意見が72％と大多数を占めている。短期大学部では肯定的は52.6％で、「わからない」「どちらともいえない」がやはりかなり多い。否定的意見は両学ともに0である。松阪大学の場合、肯定的意見は学生と教員の間で差がみられる。（図7）

1章 大学教育に対する学生の意識、教員の意識　17

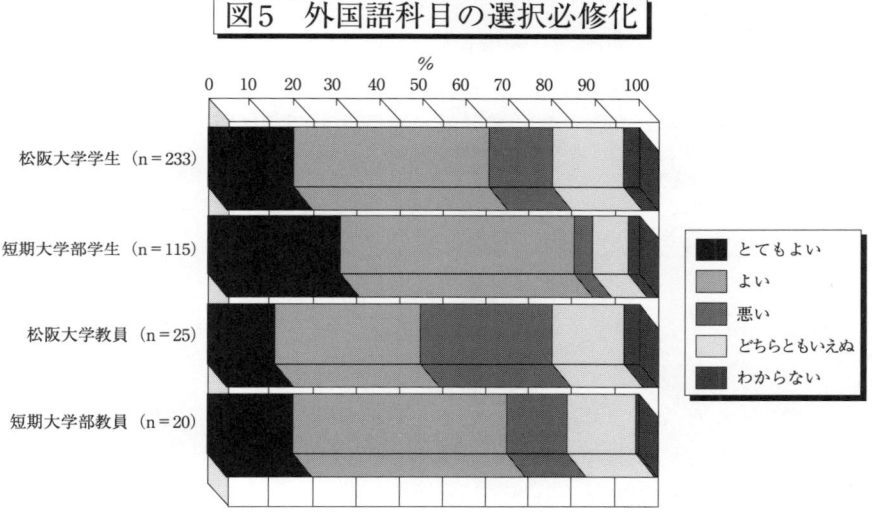

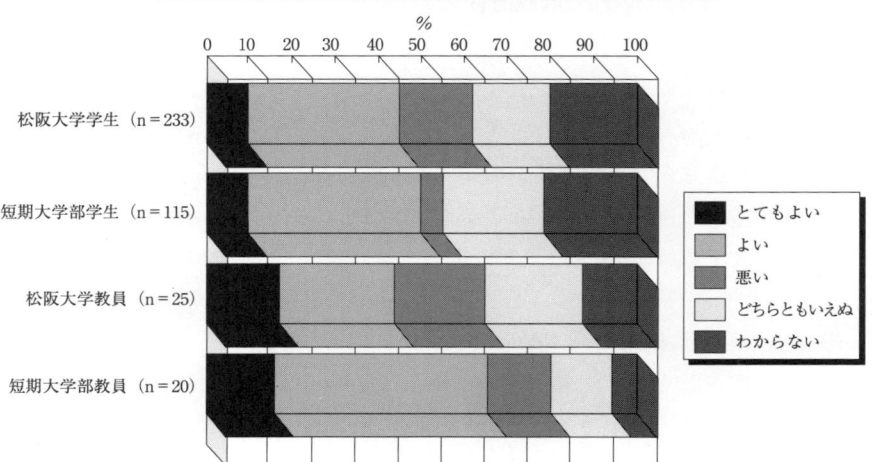

D.1　フレッシュマン・セミナー、教養セミナー[4]

　学生の場合、松阪大学では肯定的意見が77％と大多数を占めている。短期大学部ではやはりこの制度も実施されていないので「わからない」「どちらともいえない」が67.9％となっている。教員では、松阪大学で肯定的意見が56％、否定的意見が20％となっている。短期大学部では現在実施されていない制度ながら（だから、というべきか）肯定的意見が89.5％、否定的意見は0となっている。松阪大学では教員が考える以上に学生の評価が高い。また短期大学部教員の肯定的意見もかなり多い。（図8）

D.2　フレッシュマン・セミナー、教養セミナーの人数

　松阪大学学生は「ちょうどよい」が75.4％、短期大学部は当然ながら「わからない」が多く76.3％となっている。教員も同様の傾向で、松阪大学は肯定的意見75％、短期大学部は「わからない」「どちらともいえない」が80％となっている。松阪大学では学生と教員の「ちょうどよい」という意見はほぼ一致している。（図9）

E．年度初めに配られる講義内容（学生便覧に所収）について
・講義内容の分量

　学生の場合松阪大学・短期大学部ともに類似の傾向を示し、「十分である」がそれぞれ68.8％、68.4％と大多数を占めている。教員ではこの数字が更に大きくなり松阪大学教員88％、短期大学部教員77.8％が「十分である」と回答している。ただ、短期大学部教員の場合、「どちらともいえぬ」が22.2％と、松阪大学教員の8.0％と比較して多くなっている。（図10）

・「講義内容」は授業を選ぶ際に役立つか

　学生、教員ともに「講義内容の分量」とほぼ同様の結果を示し、「役に立つ」が松阪大学学生70.9％、短期大学部学生82.6％、松阪大学教員79.2％、短期大学部教員72.2％となっている。（図11）

1章 大学教育に対する学生の意識、教員の意識 19

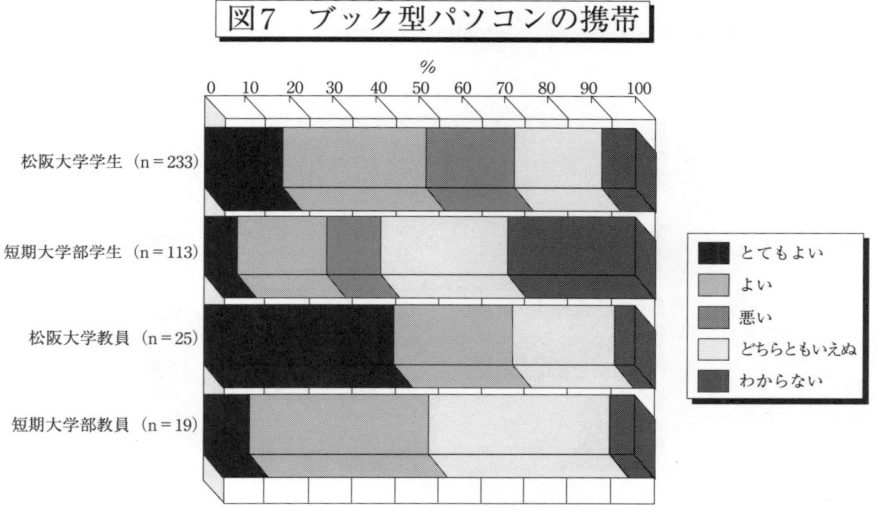

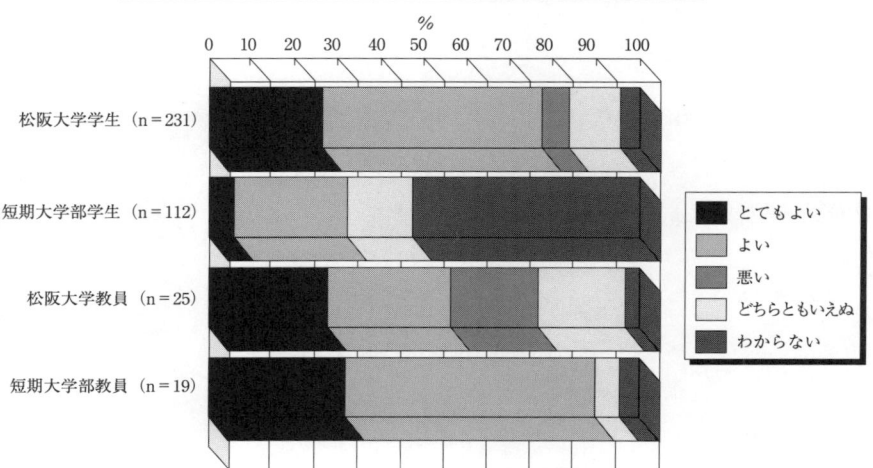

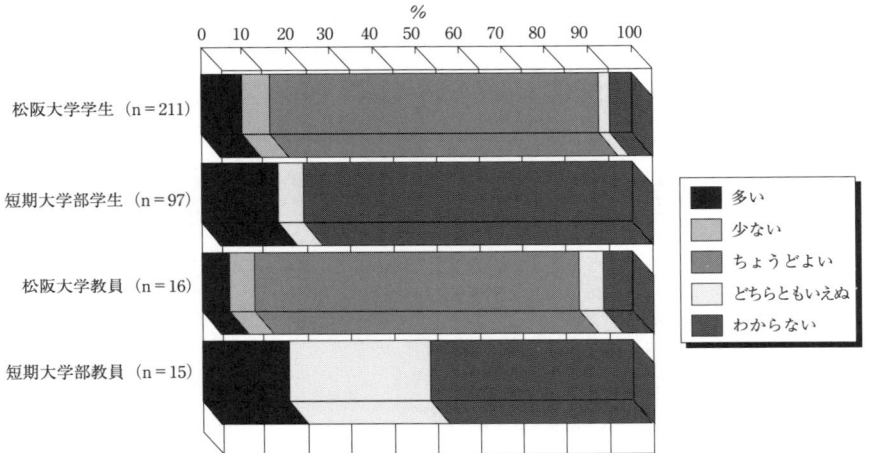

図9　フレッシュマンセミナー・教養セミナーの人数

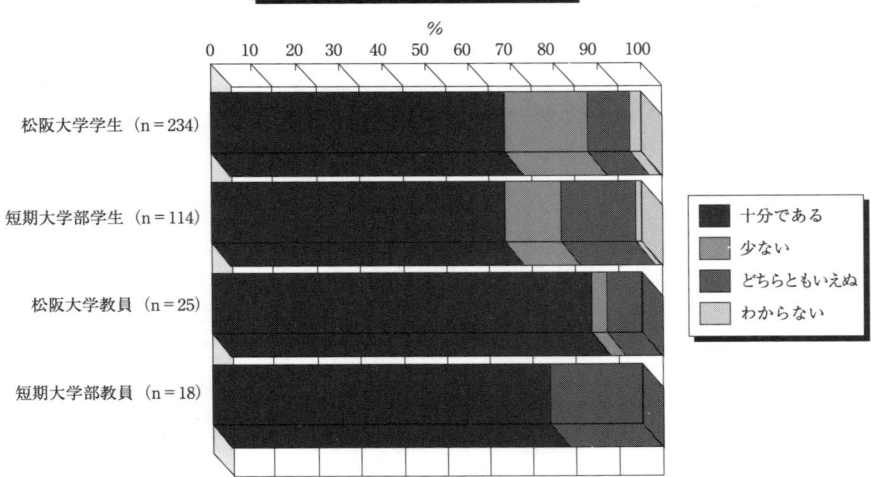

図10　学生便覧の分量

1章 大学教育に対する学生の意識、教員の意識　21

・講義内容を読むことで授業に興味をひかれるか（学生のみの質問）
　「ひかれる」は松阪大学学生が45.3％、短期大学部学生が52.5％でほぼ半数となっている。「どちらともいえぬ」も両学ともに約30％である。ただ「ひかれない」に関しては松阪大学23.1％、短期大学部10.6％で、松阪大学学生の方が多くなっている。なお、上の設問での「役立つ」に対し「ひかれる」はかなり少なくなっており、学生が授業を選ぶ際の基準が「講義内容」に対する興味のみではないことがうかがわれる。（図12）

・講義を進める上で効果があるか（教員のみの質問）
　「効果がある」は松阪大学教員44％に対し短期大学部教員は27.8％とかなり少ない数字になっている。逆に「どちらともいえぬ」は松阪大学40％に対し短期大学部55.6％と、短期大学部教員の方が多くなっている。「効果がない」は両学ともに16％である。（図13）

・実際の講義内容と一致しているかどうか（学生のみの質問）
　「一致している」は松阪大学学生19.7％、短期大学部学生28.1％で、短期大学部学生の方がやや多いが、それにしても少ない数字である。逆の「一致しない」は松阪大学37.2％、短期大学部14.9％で松阪大学学生でかなり多くなっている。また「どちらともいえぬ」は松阪大学で38％、短期大学部では半数の50％となっている。（図14）

・講義内容の計画通り進んでいるか（教員のみの質問）
　両学ともほぼ同様の結果で、「進んでいる」が松阪大学で61.1％、短期大学部で62.5％、とほぼ6割を占めている。「進んでいない」は松阪大学12.5％、短期大学部11.1％、「どちらともいえぬ」は松阪大学25％、短期大学部22.2％である。
　学生の「講義内容との一致」結果と対応させて考えると、教員・学生間にかなりの認識の差があるように感じられる。（図15）

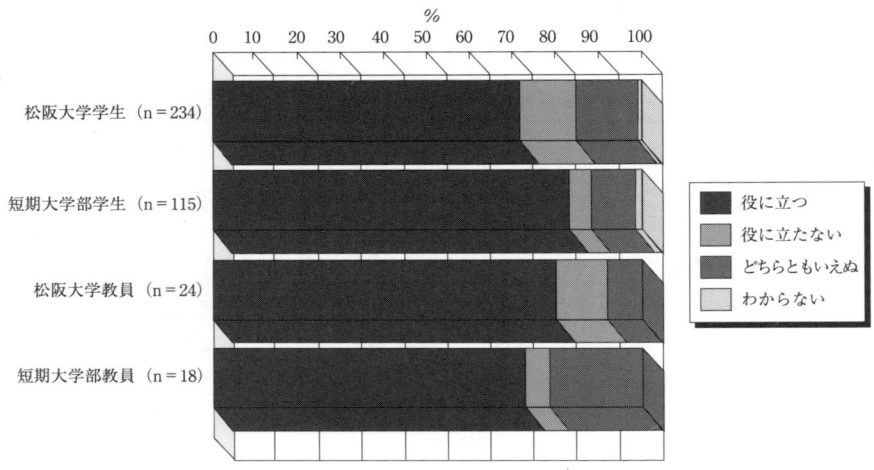

図11　学生便覧は授業を選ぶ際に役立つか

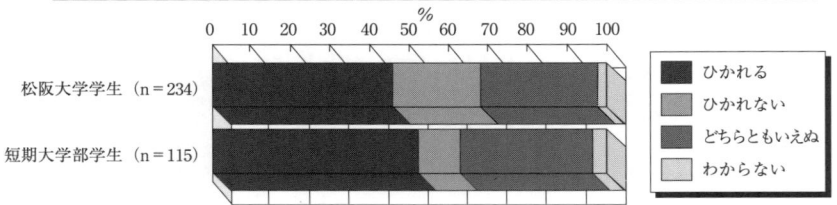

図12　学生便覧を読んで講義内容にひかれるか（学生）

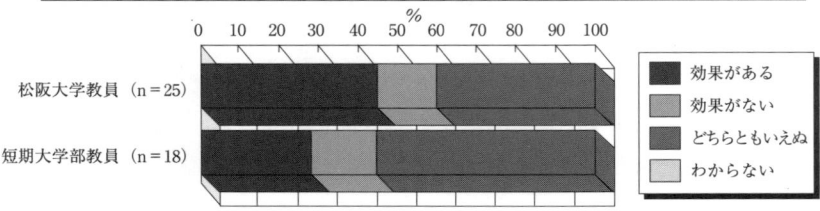

図13　学生便覧は授業を進める上で効果的か（教員）

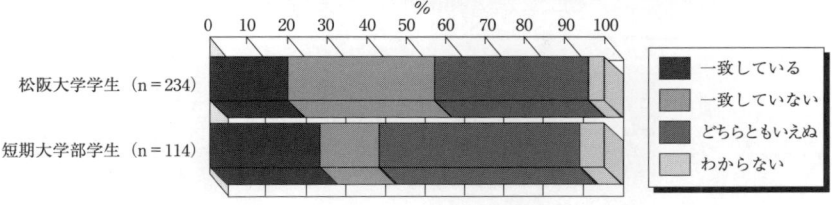

図14 学生便覧と実際の講義内容の一致（学生）

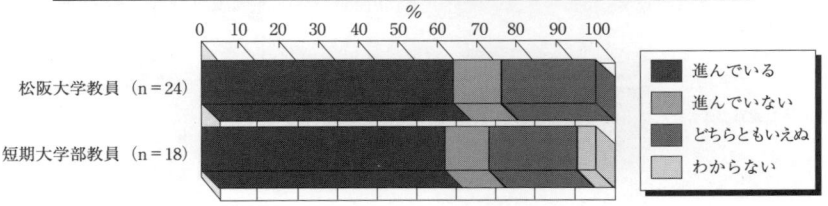

図15 「講義内容」の計画通り進んでいるか（教員）

F．松阪大学・短期大学部での単位互換について

学生の場合「とても良い」は松阪大学32.5％、短期大学部29.8％とほぼ同じ結果になっているが、「良い」は松阪大学で36.3％、短期大学部51.8％とかなりの差がみられる。また「どちらともいえぬ」も松阪大学の方が多い。「悪い」は短期大学部0％に対し松阪大学で6.4％となっている。教員では「とても良い」が松阪大学で16％、短期大学部で33.3％、「良い」が松阪大学56％、短期大学部50％となっている。「とても良い」と「良い」を合わせれば両学教員とも7〜8割が賛成しているが、積極的賛成は短期大学部教員の方が多くなっている。（図16）

G．セメスター制度について

学生の場合、松阪大学では「とても良い」22.5％、「良い」45.9％で合わせて68.4％が賛成している。（なお、この質問は短期大学部学生にはなされていない）。教員の場合、松阪大学では「とても良い」20％「良い」24％、

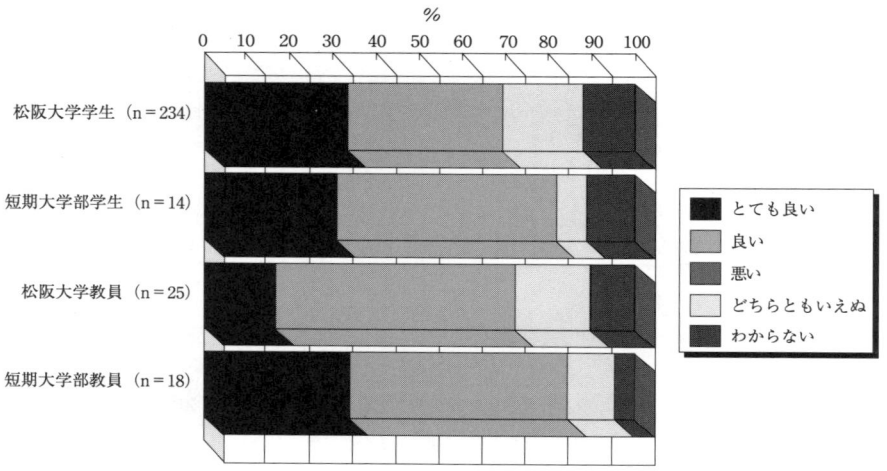

図16 大学・短期大学部の単位交換

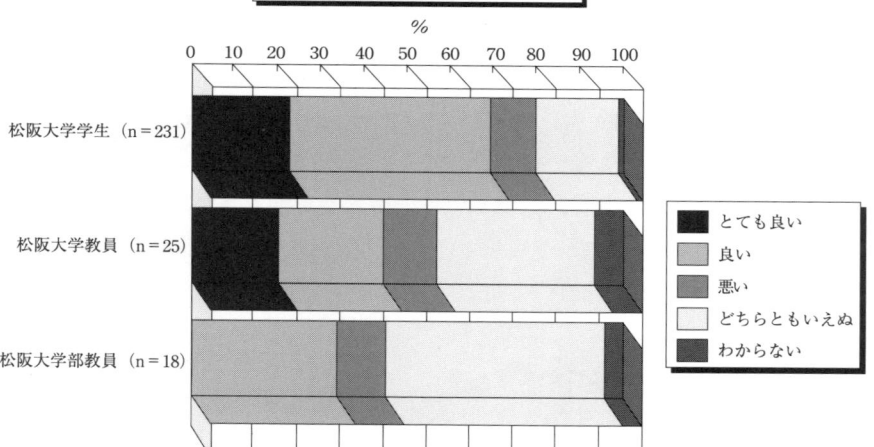

図17 セスメター制度
（短期大学部学生を除く）

短期大学部では「とても良い」0％、「良い」33.3％となっている。両学とも賛成は半数に達していない。
　この制度については教員よりも学生の評価が高い結果となっている。（図17）

1-3　成績評価について
A．試験とレポート
・公平な方法だと思うのは
　学生の場合松阪大学で「試験」44.6％、「レポート」27％、短期大学部で「試験」40.7％、「レポート」19.5％となっている。松阪大学の方がレポートを公平だと思っている割合が高い。ただ「どちらともいえぬ」の割合も松阪大学24.9％、短期大学部34.5％と両者ともかなり高い数字になっている。教員では、「試験」が松阪大学で58.3％、短期大学部で44.4％であるが、「レポート」は松阪大学で0％、短期大学部で5.6％となっている。両学ともレポートに関する認識には、学生と教員の間にかなりの開きがある。（図18）

・よく勉強するのは
　学生の場合「試験」は松阪大学で52.8％、短期大学部で56.6％とほぼ同じであるが、レポートは松阪大学27％、短期大学部13.3％と松阪大学の方が多くなっている。教員の場合、松阪大学で「試験」37.5％、「レポート」29.2％、短期大学部で「試験」27.8％、「レポート」22.2％となっている。特に「試験」に関しては学生と教員の認識がかなり異なる。また教員の「どちらともいえぬ」が、松阪大学で33.3％、短期大学部で44.4％とかなり多いことから、「試験」「レポート」いずれにしても学生はあまり勉強していないとの認識が教員にあるのかも知れない。（図19）

・実力がつくのは
　学生では「試験」が松阪大学で15.1％、「レポート」が52.6％となっている。これに対して短期大学部では「試験」29.2％、「レポート」26.5％とな

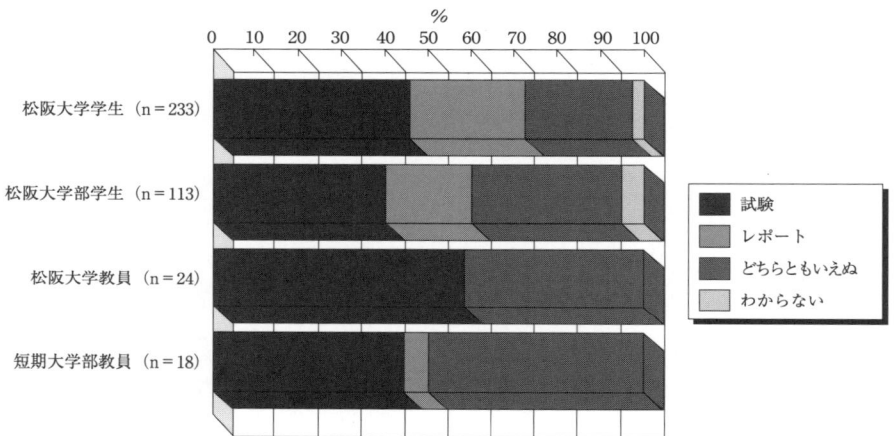

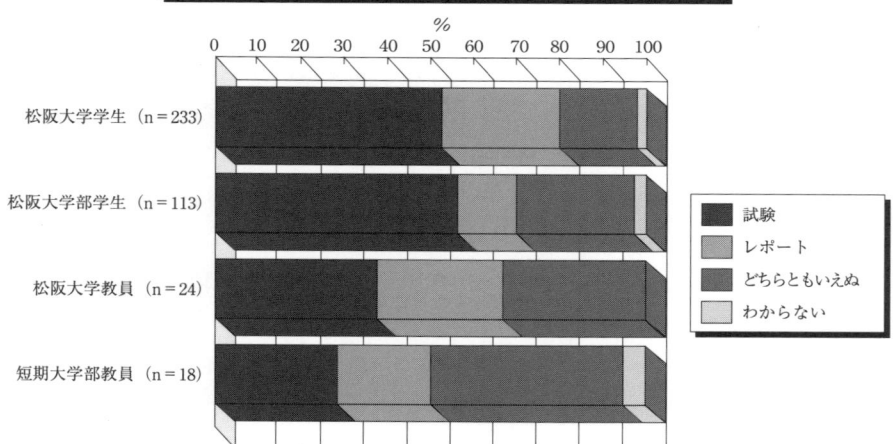

っている。松阪大学の学生が「レポート」を評価しているのが特徴である。教員では、松阪大学で「試験」16.7%、「レポート」29.2%、短期大学部で「試験」5.6%、「レポート」22.2%となっている。また「どちらともいえぬ」が松阪大学で54.2%、短期大学部で66.7%と過半数を占めている。上記と同様の理由かも知れない。（図20）

問2　大学の教員について
　学生の場合、松阪大学、短期大学部とも7項目についての5段階尺度得点は類似のパターンを示している。「授業に対する熱意」は相対的に高得点を得ているが、「授業以外での交流」や「親近感」は低い値となっている。また両学を比較すれば類似パターンながら、各項目とも短期大学部の方がわずかではあるが高い点を得ている。
　この点に関しては、他の質問項目にも共通することだが、松阪大学、短期大学部の差という以外に、男子学生と女子学生の差の要因が大きいと思われる。一般的に女子学生の方が高い評価を与える傾向にあるようだ。
　また教員に対しても「学生は大学教員をどのようにみていると思うか」ということで同様の質問を行っているが、これも相対的にみれば短期大学部の方が学生の得点との一致度が高いようである。（図21）

問3　学生の勉学態度について
・自分自身について
　両学ともに「推薦図書を読む」や「時間外でも授業の話題」は低い得点となっている。両学で差がみられる項目をみると、「試験勉強」は松阪大学の方が高得点であり、「授業が日常生活に役立つ」や「関心のあるテーマがある」などは短期大学部が高得点となっている。

・周りの学生をみて
　「自分自身」と比較して相対的に高得点となっている。特に「教員への質問」や「授業の話題」などに明らかな差が認められる。

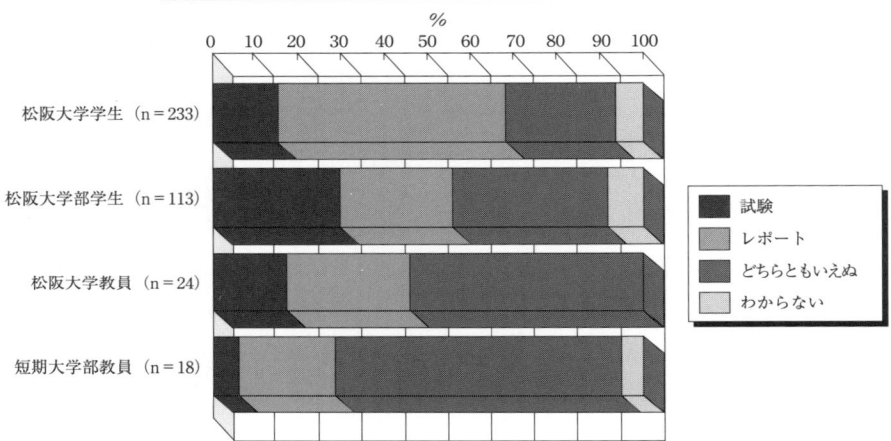

図20 成績評価における試験とレポート
実力がつくのは

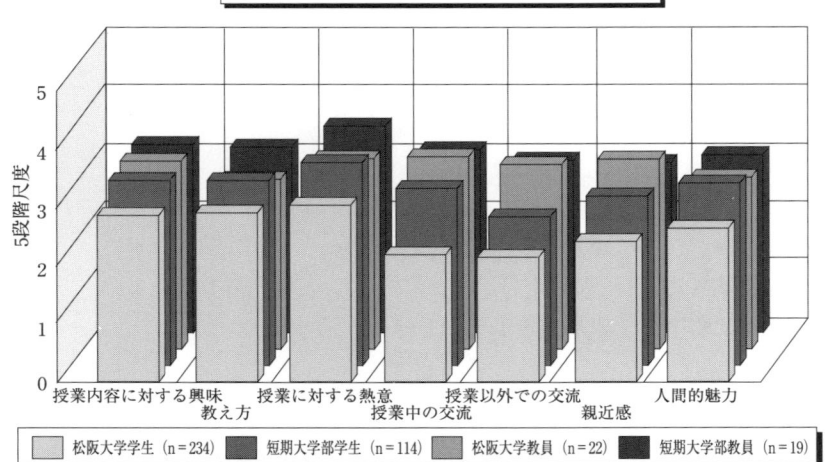

図21 大学の教員について
教員には「学生がどう見ていると思うか」という質問

1章 大学教育に対する学生の意識、教員の意識　29

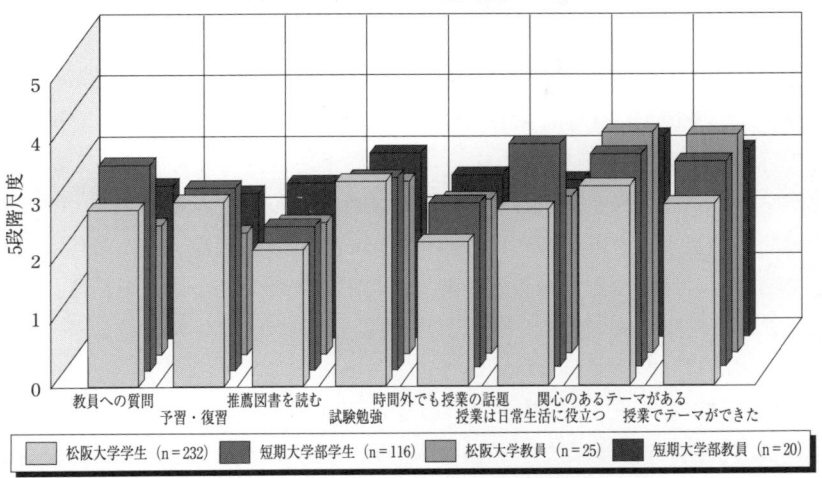

図22　学生の勉学態度

・学生の勉学態度（教員への質問）

　学生自身と同様の8項目の質問を教員に対しても行っている。学生の結果と比較すると相対的に得点が低い。特に「教員への質問」、「予習・復習」、「推薦図書を読む」などでそれが顕著である。やはり学生はあまり勉強していないという印象を教員は持っているようだ。（図22）

考　察

　調査により得られた結果には、本学の大学教育をめぐる興味深い内容のいくつかが現れていた。それを総括的に表現すれば、教師と学生との間に存在する現実認識や問題意識のずれとも言い得るものである。

　例えば、「外国語科目の選択必修化」は教員と学生との認識や希望のずれがはっきり現れたもののひとつと言えるだろう。調査結果では、学生のほとんどが肯定的であった。その理由として自由記述では、《興味あるものを選択できる》という積極的肯定が最も多く見られたが、それに次ぐものとして《英語が苦手だから》という消極的肯定があげられていたことは見逃せな

い[5]。一方で教員は、学生との比較で言えば、この課題に対して積極的に認める方向にはなかった[6]。教員の意識の中では、英語の修得が揺るぎがたい前提となっている[7]。その具体的内容のひとつは、「英語軽視」の状況に反対して、選択必修化に否定的に回答する傾向であった。また、《英語＋選択必修》という従来の大学における語学教育を保持したいとする傾きも見られた[8]。両者間のずれは、調査以前から容易に予想されたことであったが、教員が学生の自己認識を無視してしまう危険性をはらんでいる意味で、改めてこの問題の重大さをあらわにする結果となっている。とはいえ、これはあくまで学生との比較の上でのことであり、肯定的評価をする教員が割合としては大きいことは事実である。概して言い得ることは、学生がよいと思っているほどに教員は認めていないということである。

　「ブック型パソコンの携帯」についての項目は、結果としては外国語科目の選択必修化と正反対だが、教員と学生のずれという点ではよく似た傾向を示したものと言うことができる。教員はおおむね肯定的な評価を与えているが、それは「とても良い」や「良い」が示す以上に、「悪い」が０％であるという結果に明瞭に現れている。現実的な活用機会の多さを考えれば当然だとも言えるが、教員はパソコンを《文房具》として必須のものと捉えている点に特徴があった。しかし、学生はパソコン携帯に特別の重要性を認めていないようであった。学生の回答には、将来を視野に入れた上での必要性と現実における興味との間のアンヴィヴァレンスが姿を見せている。確かに、時代の要請としてパソコンが持つ意義とそれが自分の将来に対して持つ意味とは認識されているが、それらを学生が大学生活の「いま、ここ」(hic et nunc)において理解するとなると難しい、といった感がある[9]。この事情が、教員がよいと思っているほどには学生は評価しないという結果をもたらしていると考えられる。なお、自由記述ではパソコンの一括購入に《強制購入》という認識を持つ学生が多く見られたことは、一目されてよいだろう[10]。大学教育における自学的態度を考えるとき、学生がかかる記述を行ったことは検討に値するからである[11]。

　「学生便覧における〈講義内容〉」に関するいくつかの調査については、そ

の分量、利用価値、興味の度合い、実際との一致度などが問われていた。教員については、おおよそ次のような傾向があると言える。すなわち、「〈講義内容〉は分量的にも十分な紹介を行っており、学生の授業選択にも役立っている。そして紹介した通りに進んでいるはずだから問題はない。」といったものである。けれども、ここでも教員と学生との間には、かなりなずれが見られると言わざるを得ない。例えば、分量に関して言えば、確かに、学生もそれが適当であることを認めてはいる。しかし、分量の増加を要求する声が、教員よりもむしろ学生の側に多かったのである[12]。全体からすれば、これは小さい割合かもしれないが、だからこそここに刮目する必要があるだろう。このことは次のことを示唆している。つまり、学生は量的なものを通してそれとは異なるものを求めているのであって、それが何であるかという点が教員に明確に意識されておかねばならないということである。ところでまた、量的問題以上に、重大な差異を見たのが、〈講義内容〉と実際との一致に関してであった。教員の半数以上が、「計画通りに進んでいる」と答えたのに対して、学生は「一致していない」、「どちらともいえない」と回答する声がかなりな割合を占めていた。特に、分量から言えば、〈講義内容〉もより充実している大学においてこのずれが目立っていた。量的増加によってより具体的になることが逆に学生には一致不一致を判断する基準になりやすいということは考えられるとしても、教員の計画に沿った授業構成が、学生にとっては全く違ったものに映るという点は、先のものと同様に教員自身の問題として吟味されねばならないだろう。〈講義内容〉に関して学生の認識は、「選ぶときの参考にするくらいで、興味を引かれても実際には紹介した通りには進まないのだから……」という調子の否定的傾向が顕著だと言える。なお、つけ加えておけば、学生が履修の際に〈講義内容〉を役立てているのは、それ以外にさほど利用する手だてを持たない現状を踏まえれば、「役に立つ」と言うよりは、「役立てる他ない」というのが真意かもしれない[13]。

　成績評価の対象となる試験とレポートについての質問では、その回答で学生と教員との間に一致と不一致が非常にはっきりと見られた。試験においては類似している。つまり、試験はレポートと比較して、成績評価において公

平であり、勉学を促す効果を持ってはいるが、思考力や問題発見能力がついたと自己判断する点では、疑問視されている。事実、評価や実力に対して有する「試験の一回性」という性格の利点や不利点は、容易に推測可能であり、それが評価への不満となって現れるケースもあった。自由記述では、《総合的に評価してほしい》、《多様な評価の機会を与えてほしい》などの要望があった。またその点で、レポートを重視する声も多かったが、質問項目の結果と対照すればひとつの矛盾が浮かび上がってくる。実力がつくという点では、教師、学生ともにレポートを試験より評価している。調べ、考え、書くという作業が、どちらかと言えばその場しのぎ的な試験に比べて、意味あることは、学生にも認められている[14]。その一方で、レポート評価の公平について、教員は、学生に比べて極端に否定的であった。教員の自由記述にあったことだが、確かに、《試験とレポートの目指すものは異なる》という点は考えに入れておかねばならないだろう。レポートを教員が要求する場合には、評価以外のものを求めるという意図があるのである。試験が他者（外部）からの教育であるとすれば、レポートは自己陶冶の側面を持っていると言っていいかもしれない。そういった性格を持ったレポートが評価の領域に組み入れられているという事情が、教員の回答で、レポート評価の公平を低く見積もる（あるいは「どちらともいえない」と回答する）結果になったと見ることができよう。しかしながら、これは現実問題としては矛盾する結果である。学生がある程度公平に評価されると思いつつ個人に応じた勉学意欲で取り組み提出し[15]、またその結果として自分なりの実績を上げたと感じているにもかかわらず、教員がそれを全く公平に評価できない（極端に言えば、恣意的にしか評価できない）という結末になるからである。成績評価全般に渡って、学生からは《評価の基準を明確にして、その具体的な結果を公表すべきだ》という声が非常に多かったが、レポートに関しては、大学教育においてレポートの持つ意味合いがつまずきの石となって、この基準問題を非常に困難なものにしていると思われる。調査結果はそのことを如実に物語るものとなった。

　成績評価について敷衍して言えば、学生は大学教育に彼らがこれまで受け

てきた教育とは違ったものを求めていることが、今回の調査であらためて理解できた。学生の自由記述では、レポート重視の理由のひとつとして《試験は高校でもやったから》というものがあった。また、試験であっても論述式を求める声があったが、その理由として《ただ暗記するだけ（○×形式や括弧埋めなども含む）の勉強はしたくないから》というものであった。これらは少数意見ではあるが、レポートを求める声もある程度あったことを踏まえれば、学生が高校教育に連続しながらもそれとは異なる形態と内容を持った教育を求めていることをうかがい知ることができる。

　ところで、以上のような調査結果を、自由記述のみの質問であった教員のイメージや私語に関する回答と照らし合わせるとどうなるであろうか。

　予想通り、学生の持つ大学教員のイメージは、否定的傾向を持つものがほとんどであったが、そのほとんどは教員と学生のコミュニケーション不足に由来するものであるといってもよいものであった。それは人間的に《交流する機会がほしい》という言葉に集約される。概して、学生には交流を避けている教員像が支配している。例えば、《研究室に閉じこもっているのか、滅多に見かけない》《ちょっとオタクっぽい》教員は、日常でも《自分の世界から出てこない》のであり、《自己満足で完結している》と映っている[16]。こういったイメージで見られている教員が講義で学生の前に立つとき、その声は学生自身とは無関係な類のものに聞こえざるを得ない。学生が私語の原因を授業内容が《つまらない》、《興味がない》ためと答えるのも、学生が教員を別世界の住人と見る傾向が強いからであり、それ故に対話とはなり得ないのである。したがって講義の時間は、《まるでテープを聞いているよう》に学生の理解度を無視して《自分勝手に》進み、《自分（教員）の意見を押しつけ》られる、あるいは《知識を見せびらか》される時間となる。交流の欠如が、授業という人為的な交流の場において《話す側と聞く側にすっぱりと分かれている》状況を作り出している。しかも（少なくともゼミナールを除けば）授業は、匿名性のうちで人間的コミュニケーションが失われるのと同じように、見知らぬ者の間の対面の場ではあっても合意形成の場とはなりにくい傾向を帯びている。それ故、学生と教員との間にあるのは一方通行関

係あるいはモノローグであり、その疑問から学生は対立意識を抱くとしても無理からぬことであろう[17]。この意味で、多人数講義は、学生が《大教室ほど嫌な面しか見えてこない》と回答したように、大学教育の問題点を最も具体的に示している。このような受動的な授業の改善について、教員は具体的な工夫や要望を記述していたが[18]、両者のずれが埋められないままの多人数講義は、学生が自ら積極的に興味を喚起することを希望している教員の労苦をさほど効果ないものにしている。

とはいえ、教員が学生との乖離状態を危惧していることも事実である。その理由を《教師の努力不足》と簡潔に述べる場合が多かったが、それは「ばかり教育[19]」の改善を求めたり、授業以外での人間としての触れ合いの重要性を指摘したりしているものと思われる。これらの具体的な内容が自由記述の中に散見されたのであり、少なくとも意欲の点では教師は、学生が思っているほどには遠いところにいるのではないことは事実である。しかし、その教師の思いも、教師が学生の自主性に委ねる傾向と学生の目的意識の欠如[20]とが災いして、すれ違いを引き起こしている。大学人にとって研究が自主的活動であるように、大学教師としての役割も同様であるとすれば、「委ねる」という構えは矛盾するものなのかも知れない。その意味で、ある教員の次の記述は傾聴に値するだろう。すなわち、《学生に不満を言っても解決しない》というものである[21]。

今回の調査から教員と学生とのずれやすれ違いを通して明らかになったことは、大学教育が改善の方向へと向かうことがあるとすれば、それは教員の徹底的な意識改革を伴わざるを得ないことである。そして、あらかじめ考えていた以上に、学生が大学教員に対して人間的交流を期待し[22]、しかも大学に対してこれまでの彼らが受けてきた教育とは異なる教育を求めている事実を知ったことは、教育者としての大学人という責務を改めて認識させるものであった。無論、学生が求めるという意味における大学像は、あくまでも教育の事象であって、単に研究が加わるという意味での大学教育ではないであろうし、「高校教育＋研究活動＝大学教育」という単純な図式で表せるものでもないだろう。むしろ、高校教育と比較した上での大学における教育の差

異的性格を獲得することが、課題として大学教育に求められていると言えるだろう。以上のことを考え合わせれば、学生が学生自身の過去になかった教育形態の場を求めている結果として、自由記述中で大学の現状に対する批判的意見の形をとって、《少人数の授業を増やしてもっと交流すべきだ》、《教条主義的な傾向がある》、《中学校の管理主義を思い出させる》などの発言が出たのであろうと推測される。一方今の学生の意見と比較して、例えば《小中高の管理教育のつけが回っている》、《小学校から私語は習慣化している》といった記述が教員の中に見られたことは、学生と教員とが平行線をたどるかもしれない要素を残している[23]ものの、学生に好感を持ちつつ教育的課題を模索している教員の姿も垣間みることができた[24]。その意味でも、大学教育の改善は教員自身の反省の問題であることを確認することができた本調査の意義は多少ともあるものと考えられる。まさに、学生は、教員の反省的対象として、反射的関係の項として鏡に映った教員の像なのだと言うことができよう。

まとめ（むすびにかえて）

　以上の調査結果ならびに考察をふまえ、授業形態についてみると、講義はセミナー、演習、実技等に比べ評価が低く、従来の講義方式の改革が必要である。例えば教員の一方的な講義スタイルから、学生の質問や意見を受けるといった双方向授業への工夫、少人数授業や個別学習などの導入による教員と学生の交流を深め、さらに視聴覚機器や情報処理などの教育機器の活用など、総じて学生の興味、参加、満足感を得られるような授業の工夫改善が求められている。

　近年実施されたカリキュラム改革について、学生、教員の多くは肯定的な見方をしているものの、両者の間に理解、認識のずれが見られるものもある。例えば、外国語科目の選択必修化について、学生のほとんどが肯定的であるのに対し、教員は積極的肯定とはいえない。ここには語学教育をめぐる基本的な問題が見られる。またブック型パソコンの携帯についても、情報化時代における大学教育のあり方から、教員がおおむね肯定的に評価しているのに

対し、学生はそれほど評価していない面もある。

　成績評価の方法については、試験とレポートの場合、学生、教員双方とも試験の方がレポートより公平と見ている。またレポートの方が試験に比べて実力がつくと考える学生が多い。大学教育における教育評価は、単なる成績評価の問題ではなく、大学教育の中身に関わってくるもので、大学教育の目的、内容と関連させて考察すべきものであろう。

　大学教員についての学生の評価は全般的に低い。授業中、授業以外での交流が少ないとみており、教員と学生の対話が何よりも必要なことである。このことは大学教育の根幹に関わる重要な問題でもあり、教員と学生の交流、対話を活発にするための方法を様々な角度、分野から考えなければならない。また、学生自身も積極的に学習しているという自覚に乏しく、これも現代の大学生のひとつの特徴だと思われる。しかし、教員の「授業に対する熱意」などには比較的高い評価が与えられており、上記、学生とのコミュニケーションも含め、授業の運営、改善次第で効果的な教授・学習システムが構築できる可能性も示唆されている。

　学生が学問に対する興味、関心を持ち、自らの資質能力を向上させ、創造的な知性と豊かな人間性を培い、問題発見能力、また問題解決能力を高めるためには、大学教員が従来の大学教育に対する発想の転換と、大学教員（教授者）が教育の対象者である学生（学習者）を知ること、理解することの努力が必要であろう。そのため大学教員は自らの専門分野における学術研究のみならず、教授・学習に関する研究成果の応用を通して、大学における日々の授業実践を豊かにすることが大切である。そのことが学生の学習意欲を向上させ、資質能力の開花として優れた人材の育成など、大学教育活性化の要因といえよう。

注
1）本学は地方都市に位置し、大学、短期大学部あわせた学生数、教員数はそれぞれ2700名、80名ほどの小規模な私学である。
2）「自然と人間」、「生きることを考える」などの大きなテーマで、様々な分野

の研究者が数回ずつ順番に担当して講義を行っている。
3) 情報化社会に対応できる人材を養成するために、全新入生がブック型のパソコンを購入し、授業に携帯する。現在、松阪大学においてのみ実施している。一方、情報処理教育センターが設置され、パソコンを用いた授業が行われているほか、各学生個別のニーズに応えている。
4) 数年前より、松阪大学において、1年生を対象として全教員による少人数制のセミナーを実施している。
5) 学生のこの事情は、教員の自由記述中にも見られた。また、現実に中国語の履修者数を説明するのには、学生の選択履修に対する消極的肯定を参考にするのがよさそうに思われる。学生の自由記述中にも、《中国語ばかりになる》とか《本学では英語必修は難しい》とかいった意見もあった。なお、自由記述からの引用は、《 》で示してある。
6) とはいえ、短期大学部の教員は、選択必修化をおおむね肯定する結果となっている。
7) 教員にとって、《英語は基礎中の基礎》で、《英語を理解できるのが大学卒であり》、しかも《就職試験にも英語は必須》で、また《コンピュータの標準言語が英語である》という点から、英語は大学教育において重視されている。
8) 大学の学生の中にもこれと似た意見が見られた。また、従来の大学のあり方を強く支持する意見が大学の学生に見られたのも興味深い事実である。例えば、大学と短期大学部の単位互換に関する回答では、おおむね肯定的であったが、(「悪い」と回答したのは、大学の学生以外は0％であったのに対して)ただ大学の学生のみに否定的判断を下す特徴が見られた。その理由として自由記述で、《大学と短大を分けている理由がなくなる》、《区別は必要だ》、《大学と短大は基本的に異なる》、《大学生にとって短大の単位は必要ない》、《大学側には無意味だ》といった保守的意見が散見された。一部の大学生の意識に専門学校でなく、短大でもない大学独自の姿を求める傾向があると見ることもできる。
9) そのような学生の現実からの意見として自由記述では、《お金がかかる》、《あまり使わない》、《持ち運びに不便》などの意見がかなりな割合で見られた。
10) 購入の強制が学生の情報処理に対する興味それ自体を減少させている事情も、自由記述にうかがい知ることができる。一方では、興味もないのに強制されるという側面もあるが、他方では、一括購入が機種や周辺機器との関連性を制限するために、学習に対する関心が低下してしまう面もあるように思われる。
11) 大学の自学的態度をめぐる問題は、大学も教育機関であるということを考慮

に入れるとき「放任か指導か」という問題を避けて通れないように思われる。
12) 特に、短期大学部では教員は〈講義内容〉の分量を少ないと評価したのは、０％であった（自由記述には「不十分」という意見があった）。短期大学部の〈講義内容〉は、例えば大学のそれと比べてもきわめて簡単な内容紹介にとどまっており、相対的に十分であるとは言いがたい。短大部学生の「少ない」回答を考慮に入れるとき、これは一考されねばならないと言わねばならないだろう。ただ、短期大学部がオリエンテーションにおいて履修指導にかなりな力を注いでいる事実は付加しておかねばならないだろう。
13) これを考慮に入れれば、例えば、他の講義との関連性（履修モデル）を図式化して示すような（学生の言葉を借りれば）《もっと（学生にとって）具体的な！》内容が必要であろう。
14) 自由記述にも見られたことである。
15) 事実、学生の意欲を見て取ることのできる意見として自由記述の中で、《自分らしさを出せる》というものがあった。また、多くの学生が自由記述で《レポートを添削して返却してほしい》と要望していたことにも伺い知ることができる。
16) 後に触れるように、教員と学生とのこの距離を、当然のことながら教員も認識していた。例えば、《講義中しか知らないから別の人種と見ている》、《共通の話題がないと考えている》など。
17) いわば私語は、このような状況に対する学生の抗議であるとも言えよう。なお、私語の原因について学生は、圧倒的に授業を行う教員の責任をあげている。成績評価と私語に関連して興味深い記述は、学生のいくらかは一方で、成績の基準のひとつとして出席をとることを希望していたが、他方で《出席をとるから私語が増える》という指摘をしていたことである。
18) 具体的には次に列記する。《新聞などから社会で役立つ新しい動きを取り上げている》、《ＡＶ機器の有効利用》、《小テストなどの形でできるだけ出席をとっている》、《授業中の態度、レポート、ノートなどを判断材料にして、学生の反応を確かめつつ、説明の繰り返し、速度、順序などを適宜変化させている》、《課題を出したときは添削などのアフターケアをしている》、《教科書の逐次的解説は避ける》、《アウトラインを資料として配布する》、《学生の要望を聞いたり、授業に対するアンケートをしたりする必要がある》など。その他、見やすいプリント、板書での図示的説明、黒板を写す時間を与えること、ノートの取り方の指導、文具の紹介なども授業の工夫としてあげられていた。また、教室

改善、少人数授業、選択希望が多く止むを得ず参加する学生に対する配慮を求める声もあった。
19) 《教科書ばかり、板書ばかり》という表現が教員の自由記述の中にあった。
20) 学生に《目的意識がない》という意見は教員、学生ともに多く見られたものである。
21) 教員の意見として、《教員、学生それぞれに甘えがある》というものがあったことも付加しておくべきだろう。
22) 学生の自由記述の随所に、人間的魅力や人格を意味する言葉が、肯定的、否定的表現の中に非常に多く見受けられる。部分的に列記すれば、《熱意を持って……》《熱心に指導して……》、《親近感を……》、《「俺は教師だ」というタイプ》《質問に来た学生をうっとおしいと思っている先生もいる》、《相談しにくい》、《顔や名前を覚えてくれる》、《親身になって》、《人格的に気分を害する先生もいる》などである。その中でも、学生が大学教員に対して希望している意味深長な発言は、《授業に関係しなくても、人生の勉強になるようなことも話してほしい》というものであろう。人間的交流が教授や教育活動に、いわば「飛び火する」ことは十分考えられる。
23) いみじくも学生の記述に次の言葉があった。《研究が本業で、講義はバイト感覚》。反対に教員の言葉も記しておきたい。というのも、この二つを対照することで、互いを一面で的確に見ていると同時に、両者のすれ違いをも感じることができるからである。《対面すれば〈先生〉、陰では何とも思わず〈あいつ〉》。
24) ある教員の自由記述の最後に《いろいろ批判してきたが、素直で好感の持てる学生が多い》と締めくくられていた。このような学生への信頼は他にも多く見られた。《「教」はあるが、「育」の姿勢がない》という厳しい批判も確かにあった訳だが、教員の意欲の点では決して「育」を失ってはいないと言えるだろう。問題は、お互いが期待しつつも乖離したままの「大学という状況」とその状況の中で甘んじてその期待意識を硬化させてしまう点にあるのかも知れない。

文献

浅野誠　1994　大学の授業を変える16章　大月書店
織田揮準　1995　学習ニーズ対応型授業自己診断支援システムの開発　放送教育開発センター研究報告

片岡徳雄・喜多村和之編　1989　大学授業の研究　玉川大学出版部
　川又淳司　1994　大学の授業研究　水曜社
　喜多村和之・馬越徹 他訳　1982　大学教授法入門　ロンドン大学教育研究所大学教授法研究部
　甲南大学　1992,1993　甲南大生の大学満足度調査
　安岡高志 他　1986,1987　学生による講義評価　一般教育学会誌

附記
　第1章の内容は、片山尊文他　1995　大学教育の改善に関する実際的研究（松阪大学女子短期大学部論叢、第33号、7—25頁）に基づいている。

資料

大学教育に関する調査

　私たちは現在、大学の授業改善についての研究を行なっています。松阪大学・松阪大学女子短期大学部（以下それぞれ大学・短大部と略し、両学あわせて本学と呼びます）の教育について、以下の質問にお答えください。この結果は研究目的での利用を考えておりますので、日頃の正直な印象をお聞かせください。

　ご協力のほど、よろしくお願いいたします。

1995年4月

大学教育研究会

片山尊文・宇田光・山元有一・中井良宏

所属をご記入下さい。

```
所属：（大学・女子短期大学部）どちらかに○
```

問1　本学の授業について

1－1　本学の授業形態について<u>学生</u>はどのように感じていると思われますか。A講義、Bセミナー・演習、C実習・実技・実験と分けて質問します。それぞれについて、5（そうである）、4（ややそうである）、3（どちらともいえない）、2（あまりそうではない）、1（そうではない）の5段階でお答えくだい。

A講義

	そうである　　　　そうではない
興味がある……………	5－4－3－2－1
わかりやすい…………	5－4－3－2－1
参加感がある…………	5－4－3－2－1
授業に満足できる……	5－4－3－2－1
成績評価が公平である……	5－4－3－2－1

Bセミナー、演習

	そうである　　　　そうではない
興味がある……………	5－4－3－2－1
わかりやすい…………	5－4－3－2－1
参加感がある…………	5－4－3－2－1
授業に満足できる……	5－4－3－2－1
成績評価が公平である……	5－4－3－2－1

C実習、実技、実験

	そうである　　　　そうではない
興味がある……………	5－4－3－2－1
わかりやすい…………	5－4－3－2－1
参加感がある…………	5－4－3－2－1
授業に満足できる……	5－4－3－2－1
成績評価が公平である……	5－4－3－2－1

1章　大学教育に対する学生の意識、教員の意識　43

1−2　次に本学における教育制度を挙げます。大学と短大部とで、また学年によっても制度が異なりますが、実際に<u>今この制度が適用されていない場合</u>もご記入をお願いします。

　次の比較的新しい制度（または現在検討中の制度）についてどう思いますか。一つ選んで○をつけてください。また、具体的な理由などがありましたら、下線部に記入してください。

A　外国語科目の選択必修化（外国語の必修科目を英語に限定しない）
　　　　（とても良い・良い・悪い・どちらともいえない・わからない）
_____
_____

B　総合科目でのティームティーチング（複数の教師が同じ科目を担当する）
　　　　（とても良い・良い・悪い・どちらともいえない・わからない）
_____
_____

C　ブック型パソコンの携帯（学生全員がパソコンを購入し携帯する）
　　　　（とても良い・良い・悪い・どちらともいえない・わからない）
_____
_____

D　フレッシュマンセミナー・教養セミナー（1年生の時点で少人数のセミナーに参加する）
　　　　（とても良い・良い・悪い・どちらともいえない・わからない）
　　　人数は（多い・少ない・ちょうどよい・どちらともいえない・わからない）
_____
_____

E　年度初めに配られる講義内容について
　　内容は量的にみて　　　（十分である・少ない・どちらともいえない・わからない）
　　学年が授業を選ぶ際に　（役に立つ・役に立たない・どちらともいえない・わからない）
　　授業を進める上で　　　（効果がある・効果がない・どちらともいえない・わからない）
　　講義内容の計画通り　　（進んでいる・進んでいない・どちらともいえない・わからない）

_____
_____
_____

F　大学、短大部の授業の一部の単位互換
　　　　（とても良い・良い・悪い・どちらともいえない・わからない）

_____
_____
_____

G　セメスター制度（同一科目を週2度開講し、半期で終える）
　　　　（とても良い・良い・悪い・どちらともいえない・わからない）

_____
_____
_____

1-3　大学における成績評価について

A　期末試験とレポートは、代表的な成績評価の方法ですが、次の観点から、それぞれどちらが良いと思われますか。○をつけてお答えください。
　公平な評価ができるのは
　　　（試験の方である・レポートの方である・どちらともいえない・わからない）
　学生がよく勉強するのは
　　　（試験の方である・レポートの方である・どちらともいえない・わからない）
　学生の実力がつく（ついた）のは
　　　（試験の方である・レポートの方である・どちらともいえない・わからない）

1章　大学教育に対する学生の意識、教員の意識　45

B　成績評価の現状（評価の基準）と今後のあり方についてどう思われますか。自由にご記入ください。

_____
_____
_____

1－4　大学の授業改善について日頃努力されていること、あるいはご提案があればご記入ください。

_____
_____
_____
_____
_____

問2　大学の教員を、学生はどう見ていると思われますか。

　　　　　　　　　　　　　　　　　そうである　　　　　そうではない
　授業内容に対する興味をわかせる……　5 － 4 － 3 － 2 － 1
　教え方がうまい………………………　5 － 4 － 3 － 2 － 1
　授業に対する熱意がある……………　5 － 4 － 3 － 2 － 1
　授業中、教員との相互交流がある……　5 － 4 － 3 － 2 － 1
　授業以外での交流がある……………　5 － 4 － 3 － 2 － 1
　親近感がもてる………………………　5 － 4 － 3 － 2 － 1
　人間的魅力を感じる…………………　5 － 4 － 3 － 2 － 1

その他、大学教員を学生がどう見ているかについて自由にご記入ください。

_____
_____
_____
_____

問3　学生の印象について、お答えください。

A　学生の勉学態度について

　　　　　　　　　　　　　　　　　　　　　　そうである　　　　　そうではない

　　よく質問をする……………………………………　5－4－3－2－1
　　予習または復習をしている……………………　5－4－3－2－1
　　推薦した図書を読んでいる……………………　5－4－3－2－1
　　試験に備えた勉強に時間を割いている………　5－4－3－2－1
　　授業時間以外でも授業の話題が出る…………　5－4－3－2－1
　　授業での観点を日常生活に役立てている……　5－4－3－2－1
　　関心のあるテーマをもった学生がいる………　5－4－3－2－1
　　授業に興味を持ちテーマができた学生がいる…　5－4－3－2－1

B　学生の私語について

　学生の私語をどう思われますか？　また、私語の原因をどこにあると考えますか？　自由にご記入ください。

_____
_____
_____
_____
_____

C　その他

　その他、日頃感じている学生に対する印象について自由にご記入ください。

_____
_____
_____
_____
_____

　　　　　　　　　　　　　　　　　　　ご協力、有り難うございました。

2章　大学の授業改革のゆくえ

宇田　光　　中井良宏　　片山尊文　　山元有一

はじめに

　現在、大学（短期大学を含む）の進学率は49％を越えている。大学は量的に増大し、大衆化が一層進み、学生は質的に多様化している。また18歳人口の減少傾向から、近い将来進学希望者全員が大学・短期大学に入学できる、いわゆる「大学全入」の時代が到来すると予測されている。社会の急激な変化をはじめ、大学を取り巻く状況が大きく変わるなか、大学教育のあり方が問われている。

　平成10年10月、大学審議会の答申「21世紀の大学像と今後の改革方策について」が出されたが、そこでは教育研究の高度化・個性化・多様化などのもとで改革を進めてきたわが国の大学は、依然として改善すべき点が多いとしたうえで、例えば学部段階の教育について、一般に教員は研究重視の意識は強いが教育活動に対する責任意識が充分でない、授業では教員から学生への一方通行型の講義が行われている、授業時間以外の学習指導を行っていない、教養教育が軽視されているのではないかとの危惧がある、専門分野の教育が狭い領域に限定されてしまう傾向があるなど、教育内容と教育方法の両面にわたり多くの問題点が厳しく指摘されている。また、学生によっては授業に出席しない、授業中に質問しない、授業時間外の学習が不十分である、議論ができないなど、学習態度とその成果の両面について問題点が挙げられている。

　また、大学の個性化をめざす改革方策の面で、高校から大学への移行を円滑化することや、入試は知識量だけでなく多様な個性、能力の適切な評価が

必要であること、単位制度の実質化が教育方法の改善にとって重要であり、また教員は、学習目標や授業の方法・計画・成績評価基準を示した上、厳格な成績評価をする。教育内容の改善に向けた研究や研修の実施、教育の質的向上のために自己点検・評価や学生による授業評価などの実施が重要である。多元的な評価システムとして自己点検・評価の充実、第三者評価の導入など多元的評価を行ない、教育内容・方法の改善につなげるシステムの確立が必要であるなど、その他、多岐にわたり提言がなされている。

　実際、大学における教員は悩んでいる。授業中における学生の私語や欠席、遅刻。また授業への興味関心をもたせるため、どう働きかけていくべきか。一方的な講義形式になりがちな授業を、双方向的授業にするためどのような努力、工夫が必要なのか。学生諸君の授業への積極的参加、また彼らのやる気、意欲をいかに高めていくか…。そのため今日、各大学ではさまざまな取り組みがなされている。例えば、学生による授業評価、シラバスの充実、カリキュラム改革、教授法についての工夫、少人数授業の推進、セメスター制の導入、研究活動と教育実践との調和、自己点検・評価による改善改革、ファカルティ・ディベロップメントの実施、多様な学生に配慮した履修形態、ティーチング・アシスタントの活用、基礎学力の低下に対応した補習授業、教員の採用・昇任に際して教育業績評価を導入、オフィスアワーによる指導助言、教員の意欲やモラルの向上、大学教職員の意識改革など、その他大学の生き残りをかけてのさまざまな方策が検討され、実施されている状況といえよう。

　私たちの研究グループでは、平成6年から平成7年にかけて、勤務する大学・短期大学の学生および教員に対して授業やカリキュラム、シラバス、成績評価について、それぞれアンケート調査を行い、その結果は「大学教育の改善に関する実際的研究」（松阪大学女子短期大学部論叢　第33号　1995）として公表した。調査結果からは、当初予想されたものの、大学教育に対する教員と学生の意識の乖離がみられ、とりわけ、授業形態の改善やカリキュラム、成績評価、教員に対しての評価などさまざまな問題が浮き彫りにされた。

　私どもの勤務する大学がかかえる諸問題は、また、他大学においても共通

する問題でもあるかと考え、さらに考察を深めるため、全国の大学・短期大学を調査対象として「大学の授業改革に関する調査」を行った。調査内容の主項目は「1．大学・学部での教育制度上の改革、例えばセメスター制度、カリキュラムの改革、シラバス、少人数授業、授業の補助体制、学生による授業評価、補習授業、授業改革のための組織機構、教員の採用・昇任に際しての教育業績の導入など」、「2．教員としての授業改善への取り組み」であり、調査対象校は全国からランダムに抽出した私立大学（文系）、私立短期大学である。

私立大学を今回調査対象校にした理由は、1）私立大学がわが国大学学生数の約8割を占めていること、2）建学の精神に基づいて独自な特色ある教育を実施し、社会の多様な要請に応えてきていること、3）設置者が学校法人であり、経営基盤の強化あるいはこれからの生き残り策において、教育改革が必至の条件であること、また、4）私どもが所属する大学が私立大学で、今後の教育研究の質的向上のための教学改革を進展させていく上で参考になると思われるからである。

方　　法

全国からランダムに抽出した私立大学157校（文系学部のみ、以下単に大学という）、私立短期大学156校（以下短大という）に対して、平成10年9月下旬から10月上旬にかけて、授業改革に関するアンケート調査を郵送により実施した。郵送対象は、大学は学部単位、短大は大学単位となっている。なお、回答を頂いた大学・短大には希望により後日、調査結果の概要を送付した。

アンケートの内容は大別すると、第一部：教育制度上の改革状況（問い1～問い14）、第二部：教員としての取り組み（問い15～問い27）の2部よりなっている。回答件数は、大学71校（回収率45％）、短大80校（回収率51％）であった。規模の内訳は、大学、学部学生総数0～499名（2校）、500～999名（6校）、1000～4999名（55校）、5000～9999名（5校）、10000名以上（1校）、無記入（2校）、短大、学生総数0～499名（24校）、500～999名（31

校)、1000〜1999名（23校)、2000名以上（2校）である。集計結果のグラフ化に関しては、すべての調査項目に対して、今回の回答件数、大学（71）、短大（80）を母数とした百分率で示してある。

また、複数回答可の項目は縦棒グラフ、単一回答の項目は横重ねグラフで示した。横重ねグラフが100％に届いていない部分は、無記入の率である。アンケート第二部については、同一設問について大学、短大別に図示した。

結　果

第一部　教育制度上の改革状況

問い1　既に実施している制度上の改革

②カリキュラム、③シラバスに関してはほとんどの大学、短大が改革を実施している。また、④チームティーチングも半数近くが実施している。フレッシュマン・セミナーは大学の場合70％が実施している。

⑦教員による授業の相互参観は、よく話題としては取り上げられるが、現実的にはほとんど行われていないようである。なお⑧は「外国語科目の履修方法の変更」である。（図1）

問い2　少人数授業の実施

大学、短大の規模、学生数の相違によるものと思われるが、大学の方が相対的に多人数の授業となっている。教養科目の場合、短大は②50〜99名が中心であるのに対し、大学は③100〜149名、④150〜199名が多く、さらに200〜249名、250名以上も相当数みられる。外国語、保健体育、専門教育科目についても、同様の傾向があり、短大がほぼ50名以下であるのに対し大学は（特に専門教育科目の場合）50名以上というケースが相当数存在する。（図2、3、4）

問い3　教員の担当コマ数

今回の結果では、大学教員の担当コマ数の平均は5.5、短大教員は6.0であ

図1　制度上の改革状況

縦軸: 回答数 (%)

項目: セメスター、カリキュラム、シラバス、チームティーチング、フレッシュマンセミナー、成績評価、授業の相互参観、外国語科目、単位互換、学部学科の再編

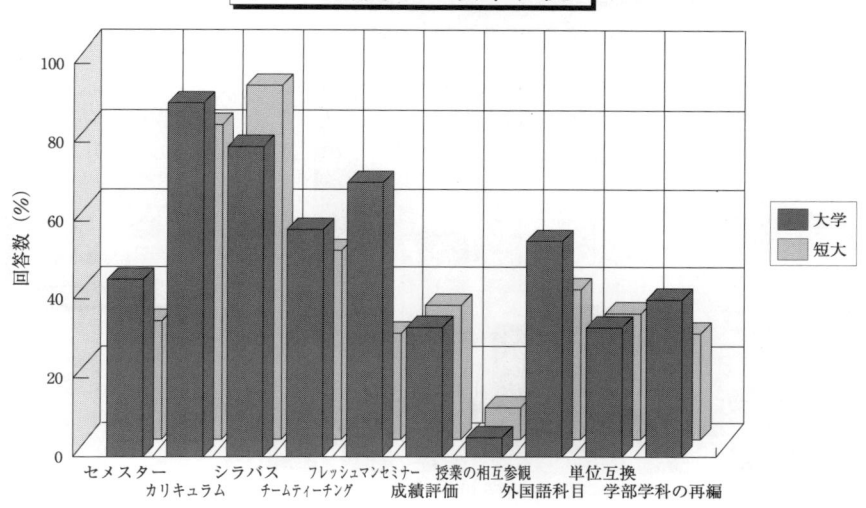

凡例: 大学／短大

図2　少人数授業1（教養科目）

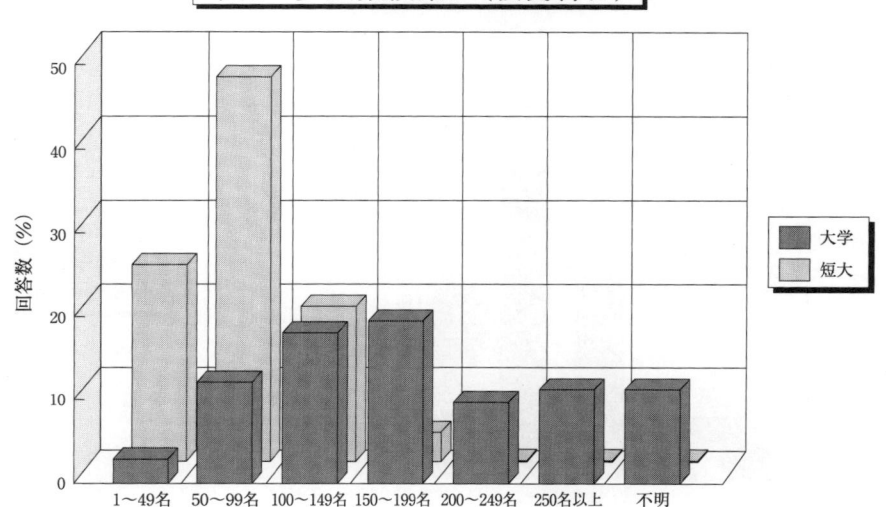

縦軸: 回答数 (%)

項目: 1～49名、50～99名、100～149名、150～199名、200～249名、250名以上、不明

凡例: 大学／短大

図3　少人数授業2（大学）

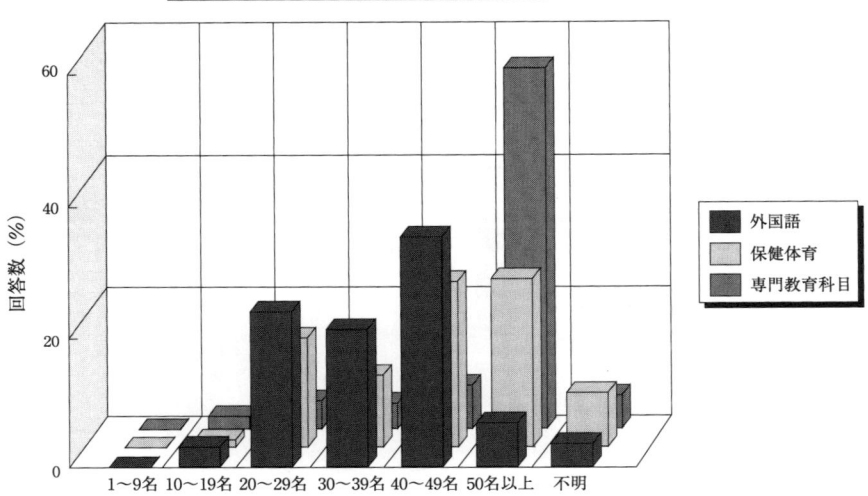

凡例：外国語／保健体育／専門教育科目

横軸：1～9名　10～19名　20～29名　30～39名　40～49名　50名以上　不明
縦軸：回答数（%）

図4　少人数授業2（短大）

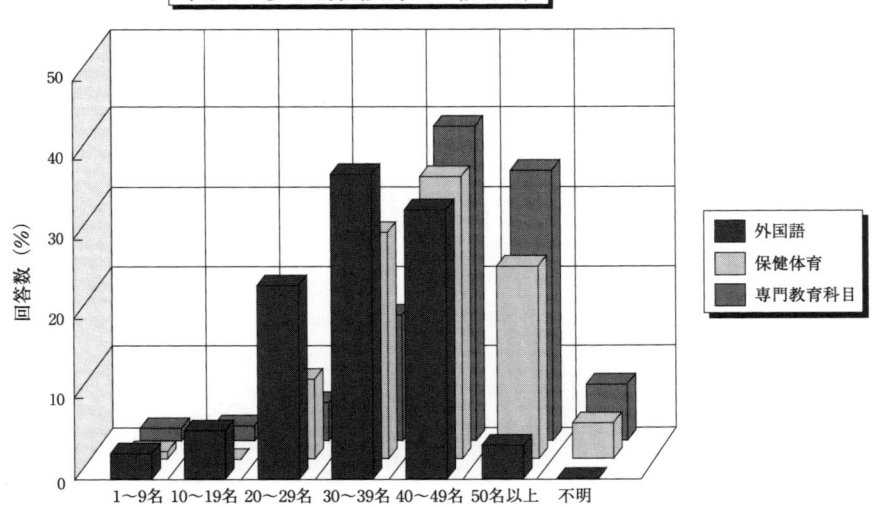

凡例：外国語／保健体育／専門教育科目

横軸：1～9名　10～19名　20～29名　30～39名　40～49名　50名以上　不明
縦軸：回答数（%）

った。なお、この数字はたとえば、前期5コマ、後期6コマなら5.5コマ担当という数え方である。

問い4　授業の補助体制
　大学、短大とも、ほぼ同様で、60％が補助制度を導入している。導入している科目も共通しており、情報処理、（短大では調理実習）などがおおくみられた。（図5）

問い5　学生による授業評価
　大学、短大ともに30％が全学的に導入しており、一部の教員が自主的に導入まで加えると60％に達している。（図6）

問い6　能力別クラス編成
　大学、短大ともに50〜60％が導入している。（図7）

問い7　補習授業
　大学18％、短大28％という結果であった。補習授業のような形態はあまり行われていないようである。（図8）

問い8　授業改革の必要性認識
　教員のほぼ全体が必要性を認識しているのは、大学で33％、短大で48％であった。一部の教員が認識しているまで含めるとほぼ100％に達する。（図9）

問い9　授業改革に関する組織機構
　大学の59％、短大の50％が何らかの組織機構を有しているという結果であった。（図10）

問い10　教育業績の評価

図5　授業の補助体制

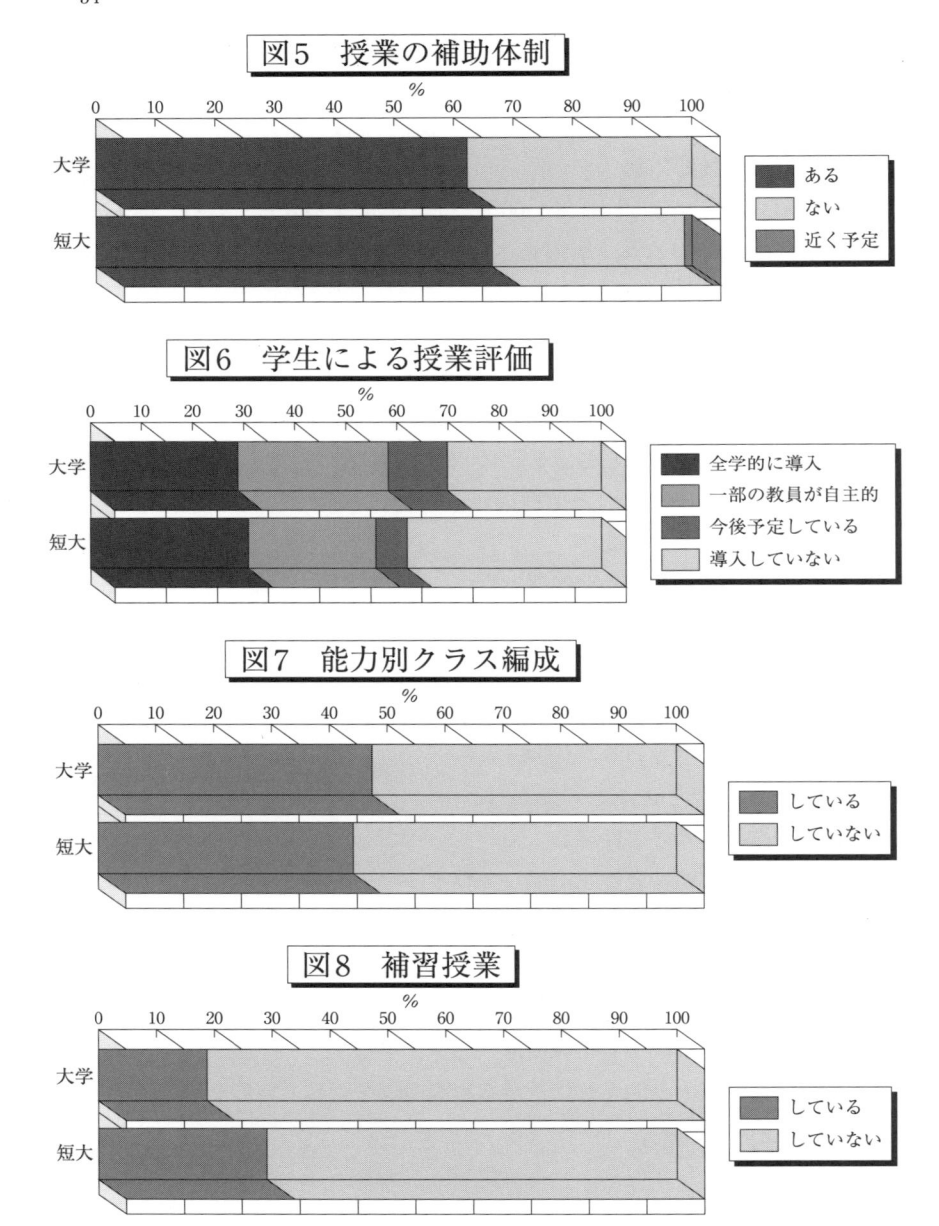

大学／短大別の横棒グラフ（％）
凡例：ある／ない／近く予定

図6　学生による授業評価

大学／短大別の横棒グラフ（％）
凡例：全学的に導入／一部の教員が自主的／今後予定している／導入していない

図7　能力別クラス編成

大学／短大別の横棒グラフ（％）
凡例：している／していない

図8　補習授業

大学／短大別の横棒グラフ（％）
凡例：している／していない

図9　授業改革の必要性認識

大学／短大別

- 教員のほぼ全体
- 一部の教員
- あまり認められていない
- ほとんど認められていない

図10　授業改革に関する組織機構

大学／短大別

- ある
- ない

図11　教育業績の評価

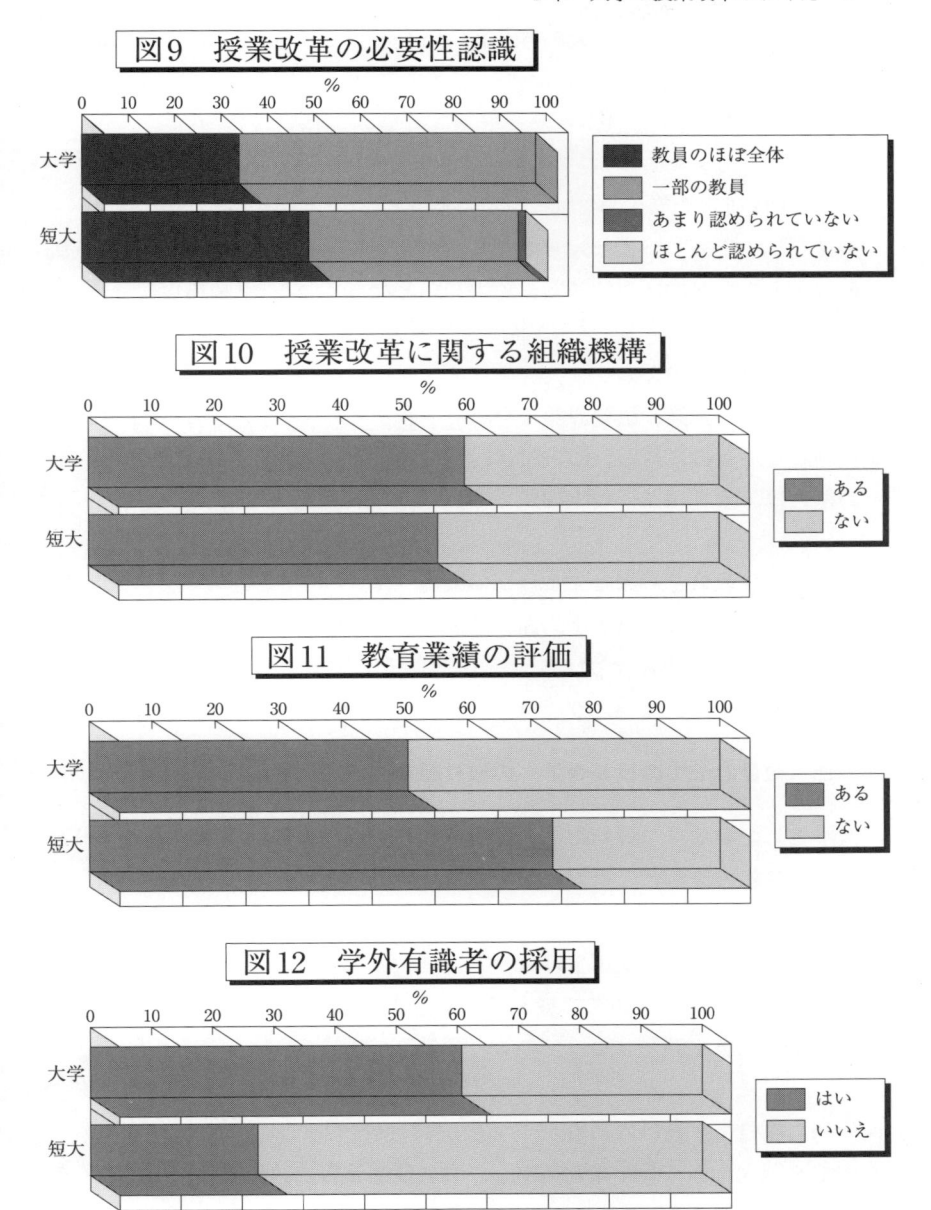

大学／短大別

- ある
- ない

図12　学外有識者の採用

大学／短大別

- はい
- いいえ

大学50％短大73％と、短大の方が高い値を示している。（図11）「教育経験年数の他に」という問いであったが、少なからずの方が教育歴を含めて回答されたようである。

問い11　FD研修会等への参加

大学として奨めているは大学で25％、短大で27％と全体の4分の1であり、教員個人として参加は大学56％、短大75％となっている。（図13）

問い12　教員人事の工夫

学外（官庁、企業、法曹界等）有識者の教員としての採用は、大学で60％が実施しているのに対し、短大では27％であった。また、教員全体に占めるその割合は、大学14％、短大10％であった。（図12）

問い13　新任教員を対象とする研修の実施

自然に慣れてもらう（大学54％、短大62％）や②簡単なガイダンスを行う（大学43％、短大42％）が大部分で、③大学として公式な研修制度を設けているところはまだ少ないようだ（大学2.8％、短大3.7％）。（図14）

第二部　教員としての授業改善への取り組み

大学としての改革を尋ねた第一部とは異なり以下は、回答者個人の教員としての取り組みを尋ねて得た結果である。

問い15　代表的科目の受講生の数

短大は③50〜99名が40％で最も多いが、大学は④100〜199名27％、⑤200名以上が最も多く38％となっている。（図15）

問い16　教科書・資料の利用

大学・短大とも、②配布資料中心、および③資料と教科書の併用が多くなっている。（図16）

2章　大学の授業改革のゆくえ　57

図13　研修会への参加

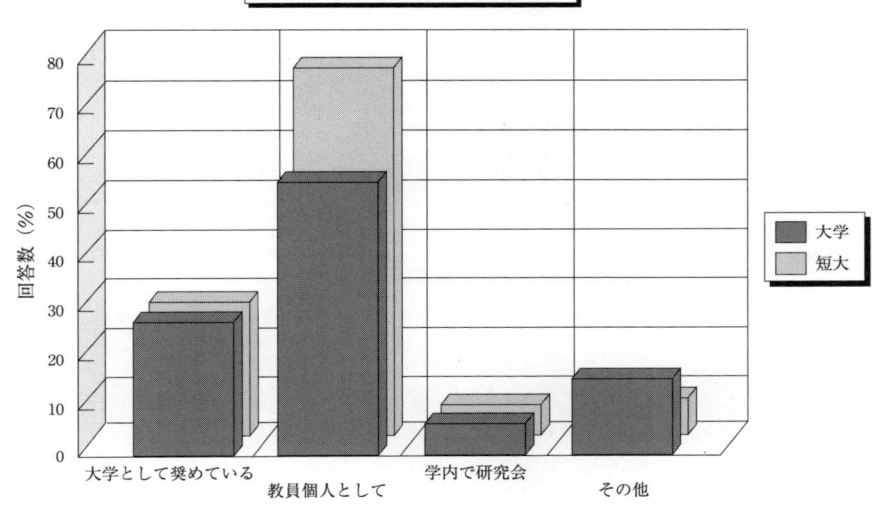

図14　新任教員への研修

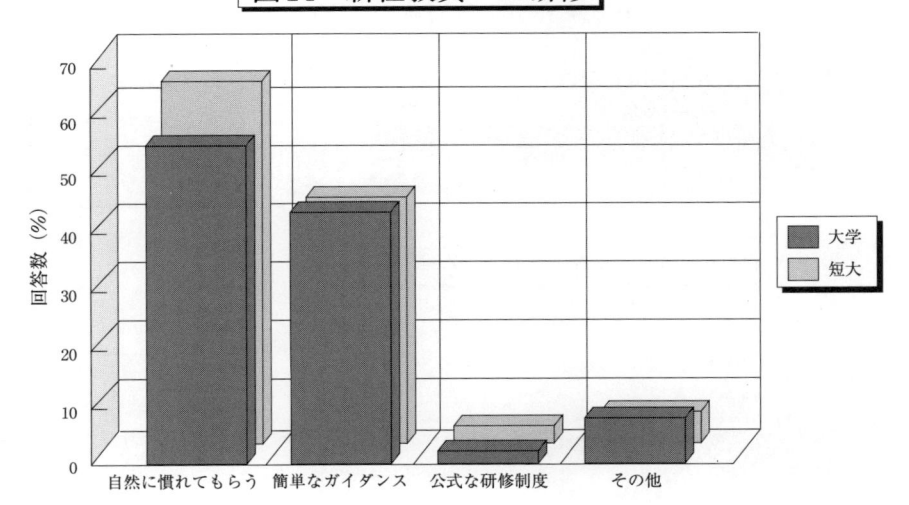

図15　代表的担当科目の受講者数

図16　教科書・資料の利用

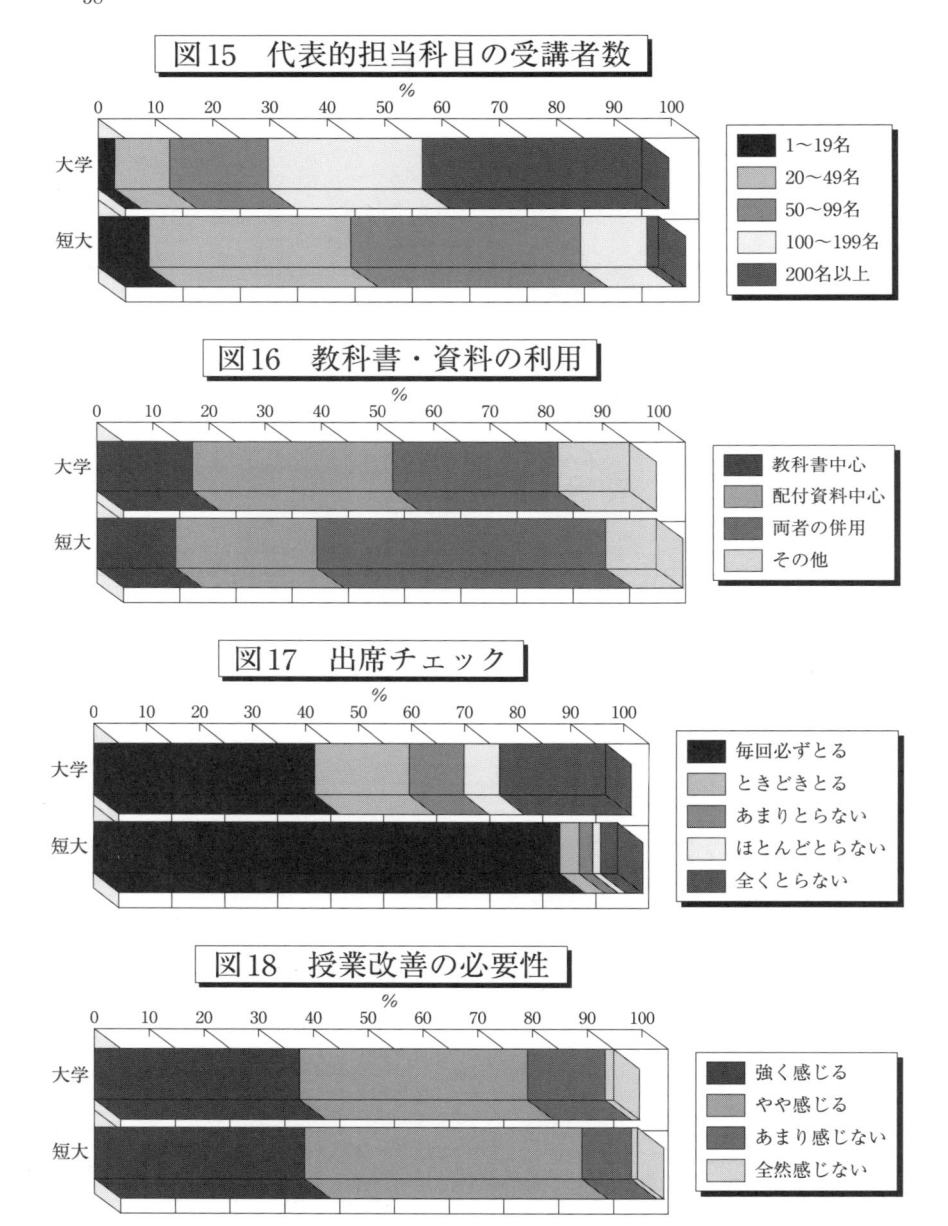

図17　出席チェック

図18　授業改善の必要性

図19 授業についての悩み

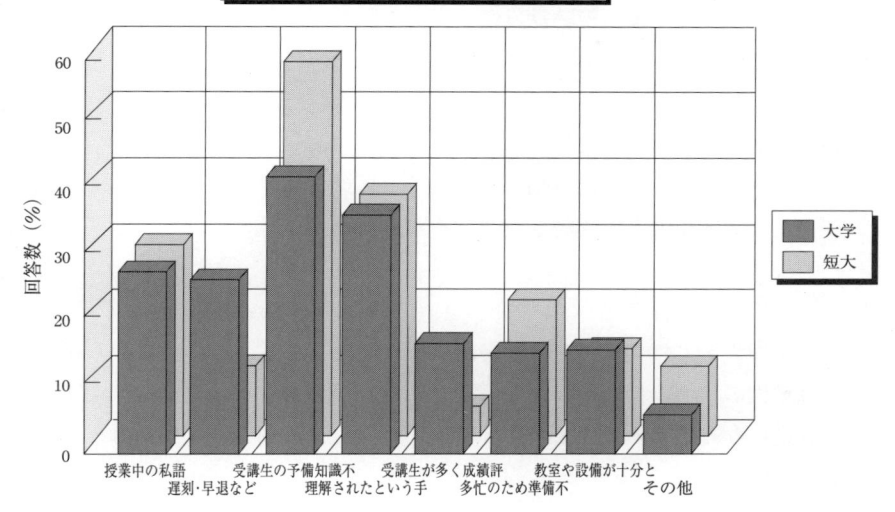

問い17　出席チェック

　受講生の数（問い15）にも関係するだろうが、大学・短大で明瞭な差が見られる。毎回必ず出席をとるは、大学41％に対し短大は88％、逆に全くとらないは、大学20％に対し短大4％であった。（図17）

問い18　授業改善の必要性

　強く感じると、やや感じるを合わせれば大学で79％、短大で88％であった。大部分の教員が授業改革の必要性は感じているようである。（図18）

問い19　授業についての悩み

　大学・短大共通して、③受講生の予備知識不足、④理解されたという実感に乏しい、①教室での私語がこの順序で高い率を占めている。⑤受講生が多く成績評価などに忙殺されるは、大学・短大で差が見られ、大学17％に対し短大4％である。（図19）

問い20　教室環境の改善
　教室環境については（視聴覚設備の充実を除き）大学・短大ともあまり不満を感じていないようである。（図20、図21）

問い21　講義の手順
　宿題を出す以外の項目は（指導案を書く、冒頭でのテーマの明確化、次回の予告）大学・短大とも実施されているようである。（図22、図23）

問い22　視聴覚機器など
　大学・短大ともにOHPや印刷物はかなり利用されている。市販のビデオ教材は短大の利用のほうが多いようだ。また、教育用メディアとしての可能性が話題になっているHTTPはまだほとんど利用されていないようである。（図24、図25）

問い23　双方向授業、グループ学習など
　①学生の意見をとりいれる双方向型の授業は大学にも見られるが、②グループ学習の形態は短大の方が多くなっている。（図26、図27）

問い24　教授法についての教員間での連携
　①授業の公開や②共通の教材を利用、はあまり実施されていないようだが、③他の教員と教授法について検討は「時々」まで含めるとかなり行われている。（図28、図29）

問い25　成績評価
　②学期途中の小テストや③レポート提出は大学・短大ともに実施されている。④講義ノートの提出や⑤発表形式による成績評価は短大の方が多い。（図30、図31）

問い26　学生とのコミュニケーション

2章　大学の授業改革のゆくえ　61

図20　教室環境の改善（大学）

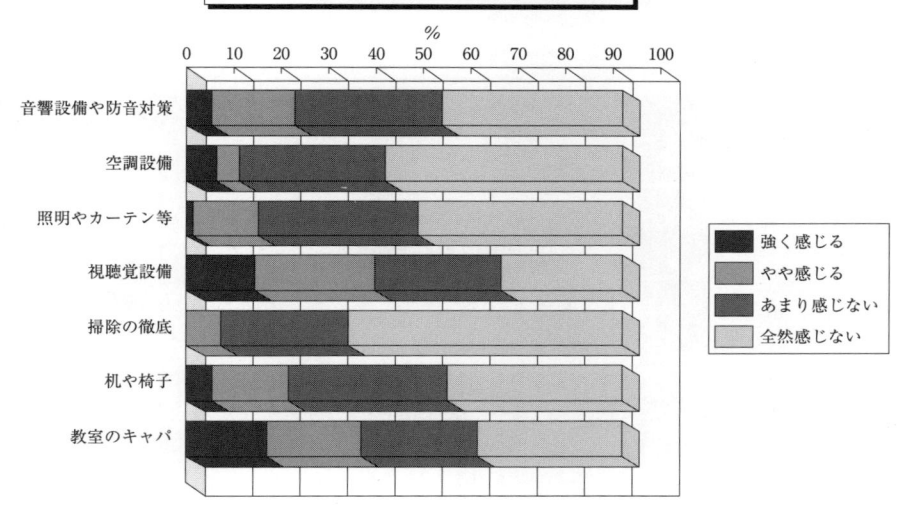

- 音響設備や防音対策
- 空調設備
- 照明やカーテン等
- 視聴覚設備
- 掃除の徹底
- 机や椅子
- 教室のキャパ

■ 強く感じる
■ やや感じる
■ あまり感じない
□ 全然感じない

図21　教室環境の改善（短大）

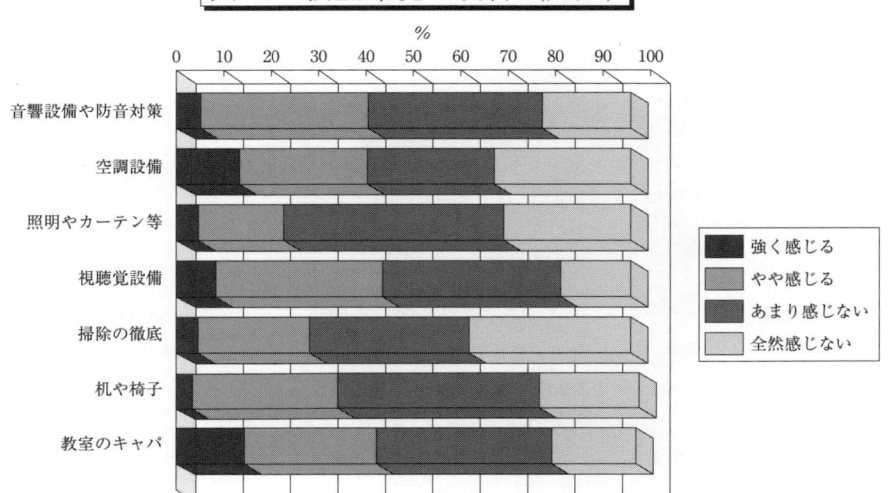

- 音響設備や防音対策
- 空調設備
- 照明やカーテン等
- 視聴覚設備
- 掃除の徹底
- 机や椅子
- 教室のキャパ

■ 強く感じる
■ やや感じる
■ あまり感じない
□ 全然感じない

図22　講義の手順（大学）

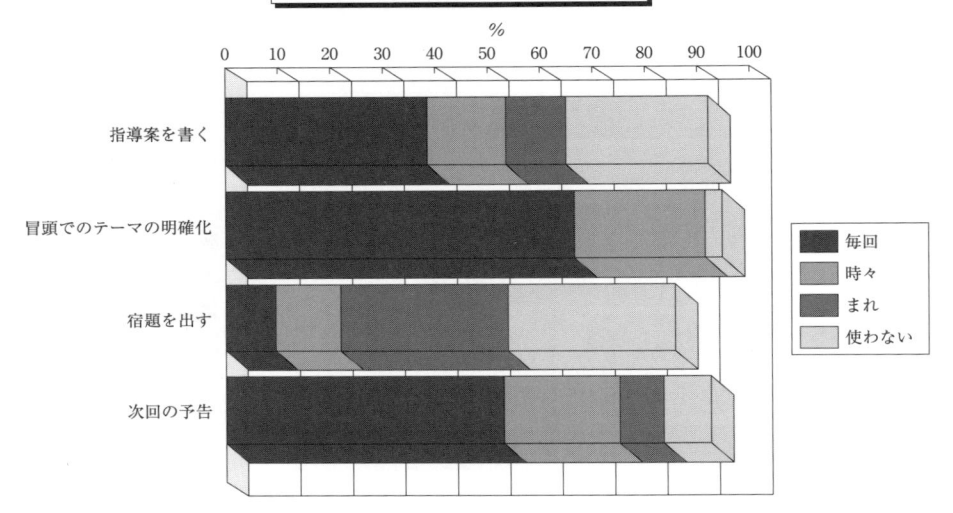

図23　講義の手順（短大）

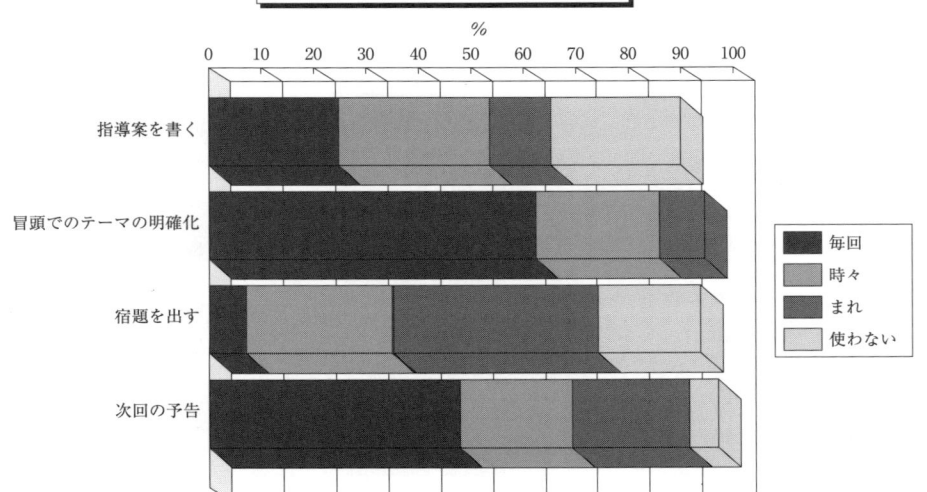

図24　視聴覚機器など（大学）

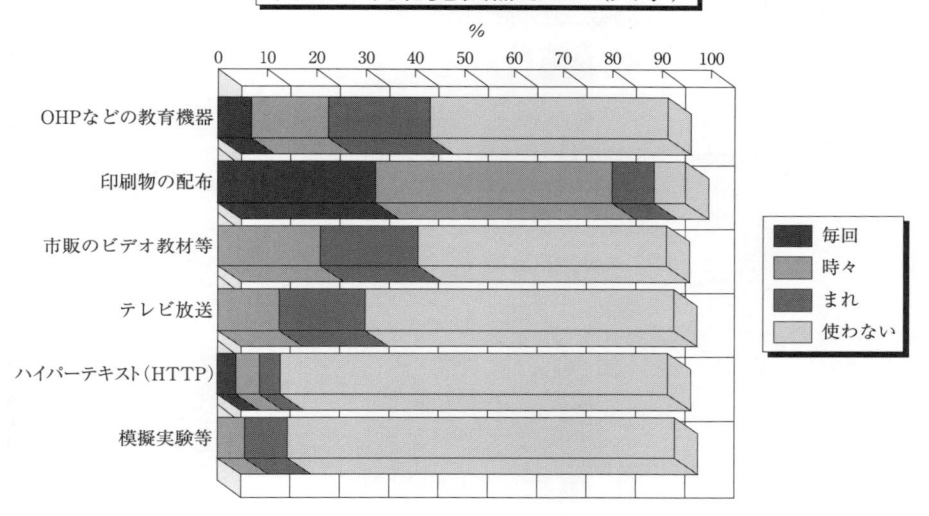

図25　視聴覚機器など（短大）

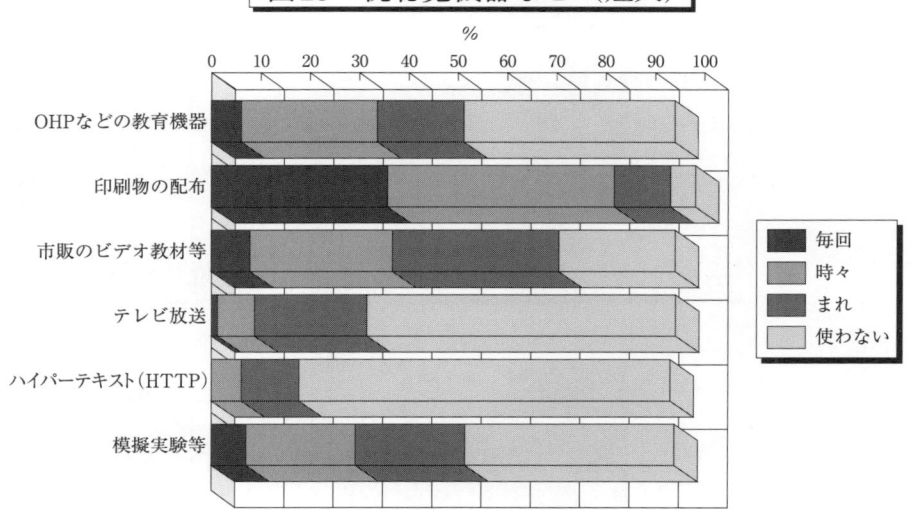

図26 双方向授業、グループ学習など（大学）

- 学生の意見をとりいれる双方向型授業
- ペアや数名のグループを活用
- 学生による課題研究などの発表

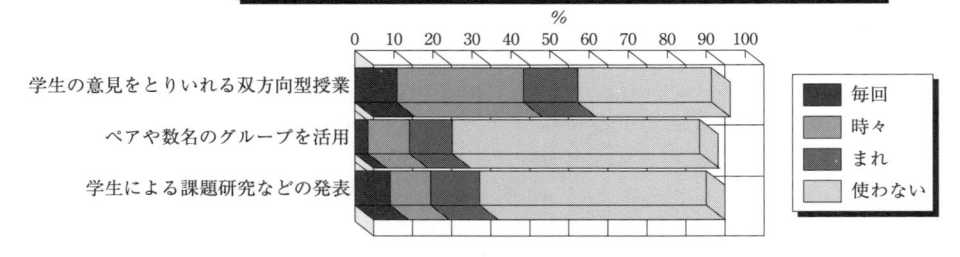

凡例: 毎回／時々／まれ／使わない

図27 双方向授業、グループ学習など（短大）

- 学生の意見をとりいれる双方向型授業
- ペアや数名のグループを活用
- 学生による課題研究などの発表

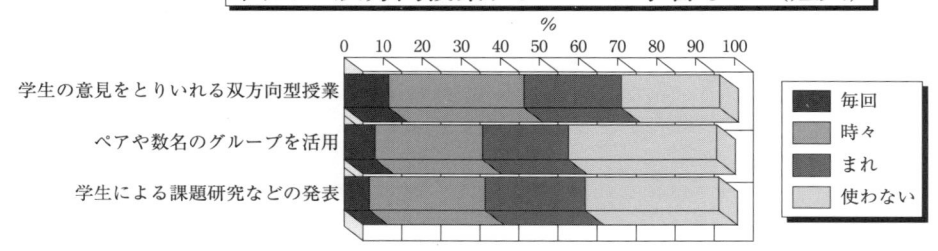

凡例: 毎回／時々／まれ／使わない

図28 教授法についての教員間での連携（大学）

- 授業を他の教員に公開
- 他の教員と共通の教材を利用
- 他の教員と教授法について検討

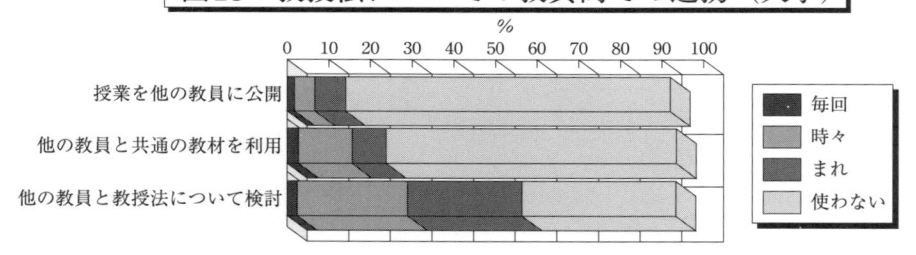

凡例: 毎回／時々／まれ／使わない

図29 教授法についての教員間での連携（短大）

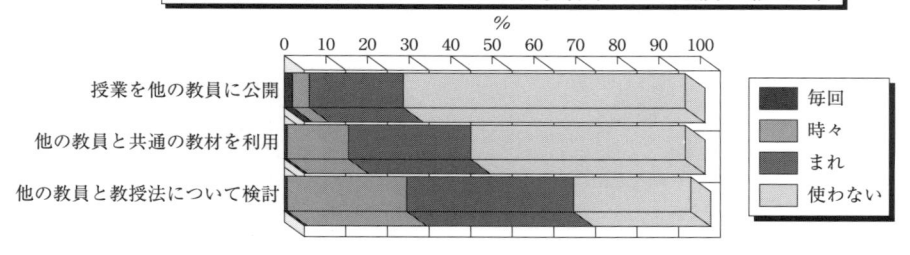

- 授業を他の教員に公開
- 他の教員と共通の教材を利用
- 他の教員と教授法について検討

凡例: 毎回／時々／まれ／使わない

図30　成績評価（大学）

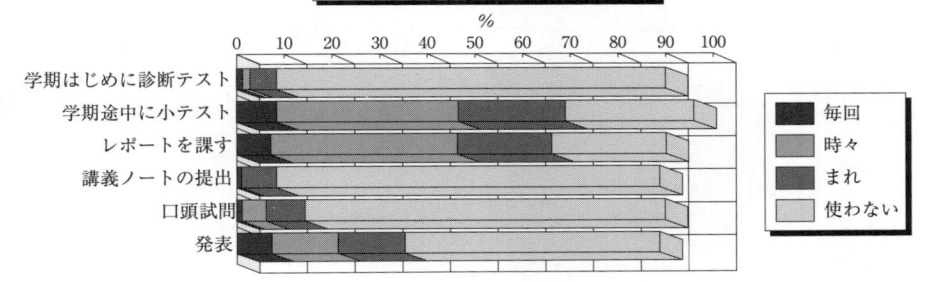

図31　成績評価（短大）

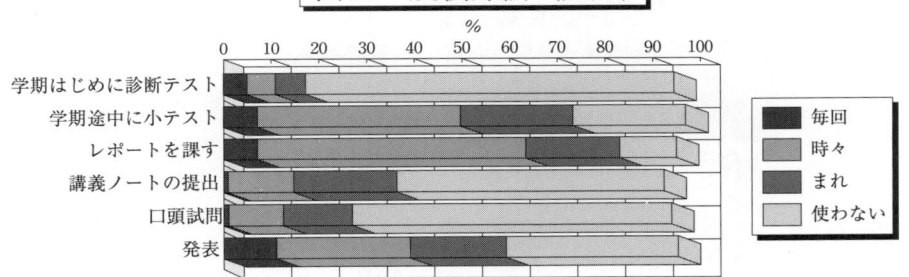

図32　学生とのコミュニケーション（大学）

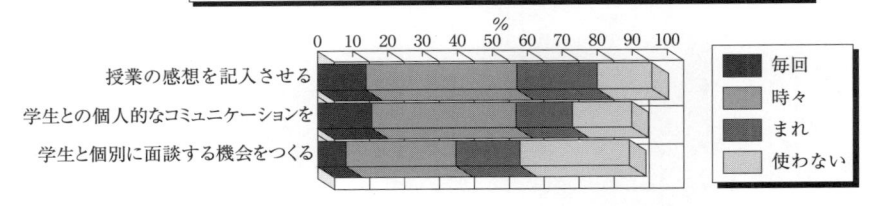

図33　学生とのコミュニケーション（短大）

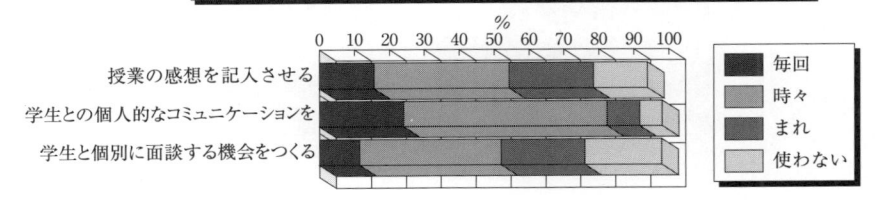

図34　制度上の改革状況（大学　地域差）

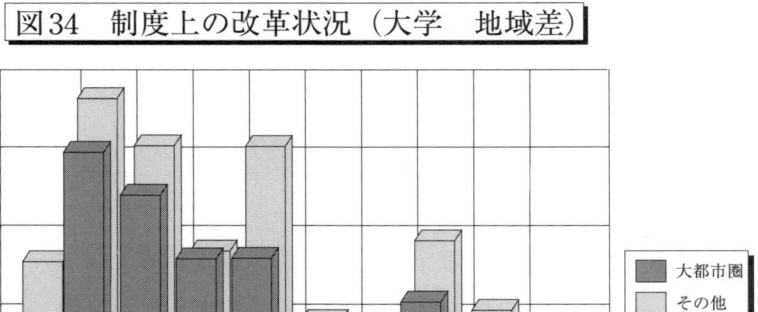

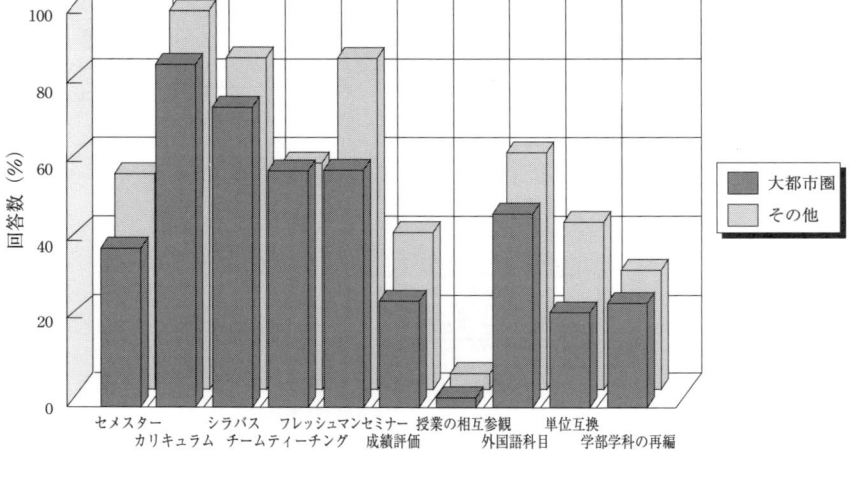

図35　制度上の改革状況（短大　地域差）

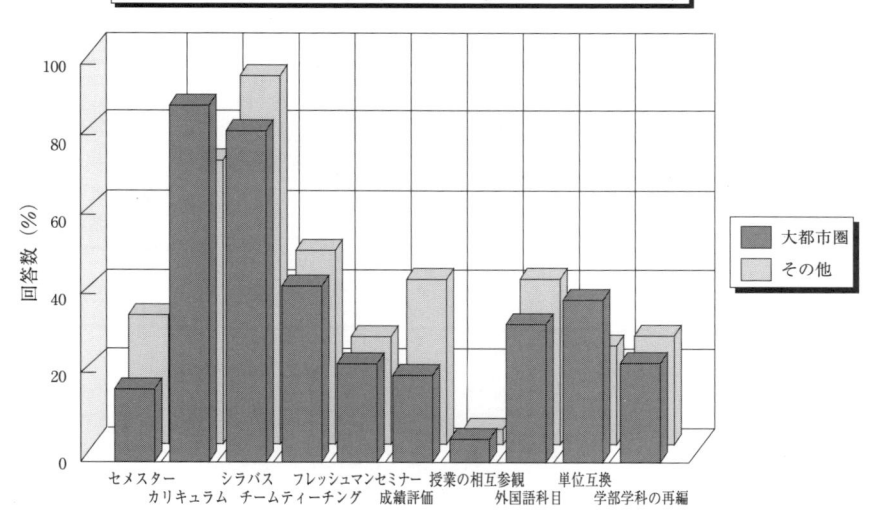

②学生との個人的なコミュニケーションや③個別に面談する機会は、相対的に短大の方が高くなっている。これも受講者数の規模と関係するものと思われる。(図32、図33)

制度上の改革状況に関する地域差

　最後に、問い1でみた、既に実施している制度上の改革について、その実施状況に地域差がみられるかどうかを検討してみた。

　大学・短大別に、大都市圏に位置する大学とそれ以外の地域の大学に二分して再集計した。今回、大都市圏の大学として抽出したのは、東京都、愛知県、京都府、大阪府全域と、札幌市、横浜市、神戸市、福岡市に所在する大学である。大学（大都市圏37、その他34）と短大（大都市圏31、その他49）の結果をそれぞれ、図34、図35に示した。

　回答件数が少ないため、必ずしも信頼のおける結果とは言えないかも知れないが、大学・短大とも全般的に、大都市圏よりもその他の地域の方が制度上の改革に積極的に取り組んでいる傾向がうかがわれる。

考　察

　全入時代の到来と学生の多様化という状況において、大学の授業はどう変わろうとしているのか。また、どう変わらねばならないのだろうか。以下では、まず四年制大学の調査結果に基づいて、大学授業改革の現状と課題を主な項目ごとに考察し、続いて短期大学について考察する。

(1) 大学

制度上の改革状況

　平成7年度における文部省（当時）の調査では、平成3年度の大学設置基準改正をふまえ、8割を越える大学が既にカリキュラム改革を実施していた。我々が平成10年度に実施した今回の調査においても、カリキュラム改革は、もはや大半の大学が既に終えているか、あるいは少なくとも着手している（90％、図1）。文部省の調査後さらに、改革を進めた大学の数が増えている

と考えて間違いないであろう。シラバス導入もかなり進んでいる（79％）。カリキュラム改革やシラバス導入は、授業改革の基本的な視点として認知されたと言えるだろう。

また、フレッシュマンセミナー（70％）、TT（58％）、セメスター制度（47％）なども、既にかなりの大学が採用しており、制度面では多くの試みが行われていることが伺える。

以上、比較的多くの大学が既に取り組んでいる改革の項目をあげてきた。次に、あまり改革が進んでいない項目を見ていこう。

意外に進んでいないのが、単位の互換制度（32％）である。単位互換制度の成立までには、関係各大学、学部等の間で調整作業が必要で、思ったように進まないということであろうか。また、成績評価の方法（32％）の場合は、受講生数の多さから、期末テスト方式から抜けられない、という困難も予想される。図30を見ても、成績の評価があまり多様とは言えない実状が伺えるのである。物理的な制約が大きいために、簡単に進まないのであろう。

さらに、授業の相互参観は、実施している大学が極めて少ない（2大学、3％）。小学校のいわゆる「学級王国」と同じであるが、大学の場合は「学級参観日」がない分、同僚らから見られ、授業内容や方法に対する批判を浴びる機会は皆無と言える。教授法についての教員間の連携はもっぱら、共通の教材を用いるとか、教え方を検討するというレベルで行われている（図28）。

適切なフィードバックは、改善の基本的な条件である。成果の表明を常に求められる「アカウンタビリティ」の時代でもある。今後は大学の授業においても、オープンさが要求されていくことになるだろう。

少人数講義
　1講義あたりの受講生数は、私大の場合平均130名余りであると言われる。図2（教養科目の場合）を見ても、いかにも人数が多い。100名未満の規模の授業の多い短大と比べて、見劣りがする。このような環境は、受講マナーにみられる私語などの様々な問題とも直結する。

こうした授業規模の大きさは、大学教員の悩みの中でも、最も深刻であろう。授業を良くしようと思ったら、受講人数を一定以内に抑えていくことは、極めて有効な方策の一つであろう。

授業の補助体制

「授業の補助員をおいている科目がありますか」との問いには、62%の大学がはいと答えている。先の文部省の調査（平成7年度）の結果によると、情報処理教育の改革が進み、6割近い大学で情報処理教育が必修化されている。現在ではもっと高くなっているであろう。こんな中で、パソコン演習における個別指導など、補助員（TA）の需要が増えていることが想像できる。

補助員は後輩を指導する際に、基本的なことも知らないと恥をかくというので、一生懸命に勉強する。これは、カウンセリングで注目され出した「ピアサポーター」と同じ原理である。つまり、生徒を同輩が援助すると、そのサービスを受ける側だけでなく、する側の生徒も成長すると言われているのである。また、このことは人間関係を基盤とする「バズ学習」など協同学習の理念とも共通するであろう。

指導は教員の仕事、学生は教えられる存在という考え方は根強い。このことが、TAという制度導入の足かせになっているのだろうか。現在の大学は、学生という貴重なリソースを持ちながら、その能力を十分に生かし切っていないのである。

補習授業

授業についての悩みの回答（図19）から明らかなように、受講生の予備知識の不足は、短大よりは少ないものの、既に大学教員の悩みの種である。また、理解されたという「手応えがない」という声も少なくない。

しかし、「補習授業を実施していますか。している場合、理由は何ですか。」と尋ねた問い7の結果、補習を実施している大学は、18%に過ぎない。なお、他の調査（駿河台教育研究所と進研アド）によると、大学の約3割・短大の約2割が補習をしている（朝日新聞、夕刊　1999.5.26.）。また、最

近行われた文部省の調査によると、国立大学では45％で補習授業が行われており、これは2年前の2.4倍であるという。国立大学や私立理系学部の方が、今回の調査対象である「私立文系」の学部よりも補習を積極的におこなっていると推測できる。

「大学全入」の時代に、学生の多様化は避けられない。学生は講義内容の予備知識を既に身につけて教室にやってくるとの前提は、もはや崩れつつある。その意味で、学内での補習は、早急に手をつけなければならない課題であろう。

新入教員を対象とする研修の実施

「新しく入った教員を対象とするガイダンスや研修の制度があるかどうか」を尋ねた問い13では、「教師個人レベルで自然に慣れてもらう」という回答が55％で半数を超えている。「大学として簡単なガイダンスを行う」（44％）が続いている（図14、複数回答可能）。この結果は言い換えれば、「制度としての積極的な研修は、大学としては何もしない」実態を反映しているとも言える。つまり、本当の意味でのFDが、まだスタート点に立ったばかりであることは、この結果が良く示している。

必要性は感じるものの、しくみとして確立する段階までは至っていないというところであろう。しかし、特に若い大学教師は、積極的に教育方法や技術を学ぶ機会が欲しいと少なからず思っているようである。

双方向授業、グループの活用（図26）

この結果を見る限り、伝統的な一方通行型の授業が、幅を利かせている。双方向型の授業やグループを活用した授業のノウハウを、大学の教員はまだ十分に手にしていないというべきなのであろう。むろん、授業の感想を毎回書かせるなど、学生の声を吸い上げる工夫をしている教師は少なくない。それは、末尾の自由記述などからもうかがえる。

プロジェクト活動（宇田、1997、1998）など、ペアや小グループを用いた授業は工夫次第で多様に展開できる。なお、プロジェクト活動では、グルー

プ単位で課題に取り組み、後日、口頭発表を行なう。既に述べたが、学生というリソースをいかに活用するか。一方通行型の講義を避けて、討論や課題研究をどう進めていくか。これらは、今後積極的に取り組んでいくべき授業改善の視点である。

大学の結果まとめ

　既に約6割の大学が改革の組織を作っていることからも、積極的な取り組みが始まっているといえるだろう。実際その内容はカリキュラム改革やシラバスの導入、学生による授業評価など多岐にわたっている。しかし、シラバスが分厚いだけでは、わかりやすい授業をしている証拠にはならない。また、FD委員会や改革委員会が設けられているだけでは、授業の改善が進んでいる証拠にならない。形を変えるのは第一歩に過ぎず、これからの改革の方が本番だともいえるのではないだろうか。

　最後に、本調査結果の解釈にあたっての留意点を述べておく。第二部（教員個人の工夫）の回答者の選択は、あえて大学側にお願いした。FDについて理解のある教員に、詳しく回答して欲しかったためである。その結果、第一部と回答者が違う場合は、FDに比較的関心のある人や、ユニークな授業をしていると定評のある教員が選ばれた場合が多いと予測される。このことから考えられる偏りとして、様々な工夫や取り組みは、実態よりも多く表れている可能性がある。

(2)　短期大学

　短期大学は大学と比較しても、いわゆる「大学全入」への経過は早く、その意味で冒頭で述べられた諸問題が先鋭化していると言ってもよい。さらに少子化や入学生の四年制志向も加わって、短期大学には危機的な状況が訪れると推測される[1]。こういった現実問題に対して、調査結果は何を物語っているのであろうか。本節ではこのような課題意識から調査結果の検討にあたる。もちろん、その際、短期大学の調査結果は独立して扱いうるものではないだろう。それ故、大学の調査結果と比較しつつ考察していくこととする。

短期大学(以下、「短大」とする)の現状に対する認識は、我々の予想を待つまでもなく調査結果にも明瞭に現れている。図9や図18に見られるように、授業改革の必要性は短大全体としても、また教員個人としても十分に認められている。とはいえ、短大の現状はおおむね望ましい状態を保っており、例えば、受講数で短大は大学ほどのばらつきもなく、ある程度の少人数教育が実現されている(図2、図3、図4)。実際に、個々の短大教員にとっても受講数は特別大きな悩みの種となっていないようで、むしろ他の項目と比較しても相対的に低い結果であった(図19)。また、授業の補助体制では、約6割という幾分高い状況が維持されているだけでなく、自由記述で示されているように、情報系、家政系、保育系とその科目の種類は多岐に渡っており、良好であると言える(図5)。このようなことから、短大の教育環境としての条件は、大学との比較の上から見れば、一応整っていると見ることができるであろう。加えて、短大での改革への欲求は総じて大学より強く、それは教育の質的向上を目指す研修会への参加が短大としても個人としても行われている点にも確認できる(図13)。そしてこの欲求は授業改革に関する組織機構の有無にも直接に関連しており、それは短大教員の認識度に応じて、ほぼ同じ割合で組織機構を有していることにも表れている(図9及び図10)。

　概観としては以上のようなものだが、今回の短大の調査から得られる特徴のある事柄としてあげられるのは、教育改革について短大全体の教育システムや制度上へ為されるアプローチよりは、むしろ教員個人に関わる教育上の改善に力点を置く傾向が、わずかではあるが見られたことである。これは上述と関連しているだろう。というのも、教育環境がある程度好条件にあれば、問題意識は学生の教育をどうするかという点に絞られてくるからである。具体的にあげれば、受講生の予備知識不足や学生の授業理解の低さにいかに対処するかなどが改善の必要性を有するものとしてあげられていた(図19)。それ故、例えば——大学の調査結果との相対的な関係で見れば——短大ではシラバスや授業評価といった、最終的に教員個人に帰責される事柄が重視されることにもなり(図1)、個人の教育経験や教育能力に期待を寄せる傾向が強くなっている(図11)。それは自由記述の内容にも見られ、「研究テーマ

の他に学生指導なり、実習指導上の問題解決のため」に「テーマを設定」し、「指導能力、指導技術についての自己診断テストを実施」する中で、一人ひとりの「教員の意識改革」を図ろうとしている。また、この傾向は「研修会への参加」（図13）にもあり、研修会は組織的な活動として行われているよりは、ここでも教員個人の問題として捉えられている。さらに短大では教育業績がかなり認知されていて、これも同様の傾向から生じた事柄と考えることができる。しかしながら、こうした教育改善を個々の教員の側から捉えていく傾向は、短大全体としての、あるいは制度上の改革としての動きに実際問題として結びついてはいない。これが原因となって、前段で触れた改革必要性の認識の高さとは反対に、短大の組織機構率が大学よりも低いという矛盾する調査結果となっているようである。つまり、授業改革・教育改革は急務であるが、それは短大では個々の教員の問題として認識されがちであるために、短大全体としての改革の動きにまで展開しているとは言い難い、あるいはそれと連動し難いのである。これとよく似た問題は、第一部と第二部「教員としての授業改善への取り組み」を照らし合わせたときにも得られている。教員個人の授業についての悩みで、「私語」と並んで昨今たびたび触れられる「学生の予備知識不足」は今回の調査でも、特に短大で高い回答を得たが、その不足分を補う制度上の内容、例えば、学生による授業評価や補習授業は必ずしも高い割合を示すものではなかった（図6及び図8）。前者については大学よりも低く、後者についても自由記述に見られたように、「学生の出席日数ないしは教員の休講による不足の補充」、「学習進度への対応」、「免許、資格、検定試験のための補講」、「編入試験対策」といった予備知識不足への対応とは言えないタイプの補習授業、つまり入学後の授業で得られる知識の補習授業であった。この点にも個々の教員の改善努力と制度上の改革にずれがあることを観察することができるだろう。このように、短大の授業改革への取り組みは、教員個々の改善への努力に支えられてはいるが、短大全体としての制度的改革との関連性が薄いという点をまず指摘できる。短大の自由記述には、「いろいろ（短大としての改革について）考えてはいるが、関心をもつ教員が少ない、種々の資料を配付するが反応がない」（括

弧内は筆者）というものであった。この記述はこのことを暗示している。

ところで、こういった短大の有する傾向は、大学とは多少異なる存在理由を持つ短大の性質が影響していると考えることができる。すなわち、短大には、大学と比較して研究と教育との両立の問題[2]を考慮する必要が概して少なく[3]、その結果として教育機関としての役割を重視する傾きがある。おそらく、短大における教育への比重の高さは短大所属の教員にとって暗黙の前提となっているであろうし、それは将来的にますます認識される——いや、むしろ認識せざるを得なくなる——であろう。短大全体が傾向として持っている、このような教育重視の傾向が、制度一般よりは教育の担い手である教員個人の問題、言うなれば、教員のタクト・才量へと向けられることになるのは、十分推し量ることのできるところである。調査から得られた、組織的改革よりも教員自身の教育努力に期待する傾向は、短大の独自な性質とも関連して浮かび上がったものでもあろう。しかし、このような現実を考慮に入れると、例えば、短大における教員人事については疑問が生じて来ざるを得ない。というのも、教員採用と昇進審査（問い10）に関する自由記述[4]が参考になるが、採用時に主に論文、著書等の研究を中心とした選考基準によって採用された教員の、その時点での教育能力は不明なままだからである。これは図12にも関係している。具体的実践的な内容に関心を示しやすい短大の学生に対しては、研究業績とは異なる経歴を持つ教員の役割は大きなものとなるが、そのような学外有識者を採用している割合は大学と比べてもかなり低い。教育重視型でありながらも、採用前に教育能力の可能性を推量する機会は少ないのである。反面、採用後には教育業績[5]の比重が大きくなるという食い違いが見られる。もし仮に採用時の問題を不問に付すとしても、教育重視の短大であれば、教育能力の向上を企図する研修会やガイダンス（教員に対する）は積極的意味を持ち得るのだが、図13が物語るように学外の研修会は個人の問題として、また図14にうかがえるように、採用された教員への学内ガイダンスや学内研修は、「自然な慣れ」によって、言い換えれば、個人の習慣性の問題として扱われている。「自然な慣れ」とは非意図的な形成であって、教師教育が有する意図性——教育は基本的に意図的である——と

は矛盾するものである。確かに個人的なつきあいの中で教員自身の教育についての自己反省が行われることは多々あるであろう。しかし、短大の授業は教員個人の責任のもとに行われはするが、それはいわば密室の出来事であり、他者との比較のない状況で授業が進められがちである[6]。したがって、そのような状況の改善には教員間には慣れ以上の課題意識を必要とする。しかし、教授法について教員間で連携があまりとられていないように（図29）、教員個人は他の教員の客観的な助言や協力体制がないままに、試行錯誤的に、またエンピリッシュに授業改善に取り組まざるを得ないのが現状である。ここには短大が教育を重視しながらも、その担い手である教員が孤独の内に自ら解決して行くよりほかないというディレンマが見られるが、この事態は全学的な制度改革との関連性が薄いために、さらに深い葛藤へと至る可能性を有している。

　さて、上述の問題点は教員個人の授業改善の試みにどのように関係しているであろうか。主に第二部から把握された事柄から、結論を先取りして言えば、次のようなものである。すなわち、短大全体や教員個人の授業改革への高い意識、そして個々の教員に向けられる教育努力への期待がありながらも、これとは別にそれらが現実には（ディレンマに置かれている）教員個人のレベルでは必ずしも実行に移されているとは言えないという結果が、それである。例えば、具体的な授業改善に取り組む際には、学生に対して半期または通年を通していかなる内容をどのような形態でいつ告げるのかが問題となり、それを具体化するためにはシラバス作成が欠かせない。そしてシラバスに従って、毎回の各授業が有意味に進むためには、指導計画の作成も不可避となる。しかしながら、図22と図23の比較対照から分かるように、短大教員の指導案作成は、「時々」ないしは「まれ」であり、大学と比べても毎回作成の割合がかなり低い。他方で、出席については約九割もの短大教員がチェックを行っている（図17）。また、教育財（教育内容）については何らかの形で教科書を使用する教員は、大学で50％程度なのに対し、短大では65％程度にまでなる（図16）。そして教育方法としては、割合としてはごく少ないが、授業で視聴覚機器として市販のビデオやテレビ放送を毎回用いる教員も存在

しており、「時々用いる」を含めると半数近くにまで及んでいる。対照的に「毎回用いる」は大学では全くなく、利用する教員全てを含めても20%程度である（図24及び図25）。また、短大教員は教員の説明を中心とした講義形式よりはむしろ、グループ学習や学生主体の課題研究、発表を教育方法としてかなり用いることが多い（図26及び図27）。一見したところ、こうした教科書やビデオ、テレビの使用、学生主体の教育形態は望ましいように思われるし、実際のところ学生からの評価が高い。ここからは教科書やテレビ、ビデオを通して課題を学生へ与え、それに対して学生自身がグループや発表を通じて主体的に関わる中で学んでいくというポジティヴな風景が推測できるだろう。しかし同時に、上述の結果は短大教育の自己反省に重要な内容を与えている。もちろん全ての教員がというわけではないが、上述の結果をネガティヴに捉えれば、次のような教員像もそこから透けて見えるのである。すなわち、授業改善の必要性を感じ、授業にほとんどの学生が出席するよう義務づけながら、毎回の授業には計画性が欠けており、その補完として教科書を用い、教員の内発的な教育動機に基づいた説明よりむしろビデオやテレビ等に依拠した説明を提供し、教員の説明不足を学生自身のグループや発表という形で補うという姿がそれである。それは、つまり、教育という状況に主体的に関与しない姿、サルトル的な意味合いで「アンガージュ（自己投企）」しない姿[7]であるとも言えるだろう。確かに、OHPや新聞、雑誌等からの印刷物資料などは授業構成の手段として有用であり、教員の説明をあくまでも補助するものとして必要である。市販のビデオやテレビ放送も教員のタクトの補助としてであれば、もちろん使われてよいものであろう。また、学生の予備知識不足や学力の低下を目の前にすれば、自由記述にもあったように、教員が「テキストに記載されている文章をわかりやすく丁寧に表現し直し」、それを視覚化することで理解をより高めること以外になすべき事柄を持たないのも事実かもしれない。しかしながら、それらが毎回利用されるとすれば、それは各教員の教育能力やタクト・才量を当該教員以外のものへ委譲してしまうことにもなりかねない。また、グループ学習や課題発表にしても、教員の指導──したがって、そこには教員の側の見通しが明確でなければならな

い——のもとで初めて有効な教育方法となり得る。授業計画性が欠けがちであるという事実は、授業自体に対する教員の取り組みが安易な方向に流れやすいという危険性を物語っていると言えるだろう。しかも短大教育がそのような方向に流れやすく、しかもそれを意識的に反省し難い事実もある。教員自身の教育努力の不足は、学生とのコミュニケーションという人間関係——それはある意味では日本人的な「問題の先送り」を作り出すこともあり得る——によって覆い隠されてしまうこともあるからである。図33から分かるように、短大では大学よりも学生に接する機会を多く持っている。これは前回の調査[8]でも十分確認されたことであり、コミュニケーションを教員ばかりでなく、学生の方も強く求めていた。それ故、コミュニケーションそれ自体は決して問題ではなく、むしろ教育の一環として重要であるし、女学生の多い短大では容易にあり得ることである。しかし上述の結果を見たところでは、それが授業改善という点では負に働き、一種の「なれあい主義」[9]に陥ることもあり得るという点をここで指摘しておかねばならないだろう。そして、これは教育的関係としての学生とのコミュニケーションとは何かという問題を問いかけるものでもある。

　以上が短大の調査結果から考察し得る事柄である。手厳しい言い方を含めながら要約すれば、短大における授業改善は制度上では未だ全学的形態を持つことが少なく、個々の教員に委ねられているが、他方で個々の教員は「慣れ」や自分自身以外のものへ自らを委ねることによって授業改善を先送りにしている、行われている場合でも、個々の教員の孤立した改善にとどまっており、それが他の教員一人ひとりへ波及することがないというのが、大学との比較対照の上での短大調査結果の批判的帰結であろう。大学人にとって研究が自主的活動であるように、大学教師としての役割も同様であるとすれば、「委ねる」という構えは矛盾する行為であろう[10]。この節の最後にあたって、大学の自由記述であるが、短大にも共通して言い得ることであるので、それを引用しておきたい。すなわち、「大学は企業と違い、毎日の資金繰りに追われることなどないことが、のんびりムードを助長している」というものである。短大の淘汰が既に始まっている現在では、この言葉は非常に意味深長

であろう。

ま　と　め

　大学の授業改革に関する調査結果から四年制大学、短期大学のそれぞれについて以下に要約する。まず、四年制大学では、制度上の改革としてカリキュラム改革はいまや大半の大学が既に終えているか、あるいは着手している状況にある。またシラバスの導入もかなり進んでいる。カリキュラム改革やシラバス導入は授業改革の基本的視点として認知されたといえる。シラバスの導入に関して、系統的な講義細目をまず示すやり方としては、実にわかりやすい。シラバスは、講義の全貌を事前に受講生に示して科目選択の参考にできること、他教科との重複を避け内容の調整をはかれることなど、明らかな長所がある。しかし、学生の自然な関心の広がりと既成の学問の枠組みとは、残念ながらまず一致しない。シラバスにしばられて、かえって学生にとっては興味や関心を喚起しない魅力のない講義に陥る危険性もあるのではと思われる。

　授業の補助体制について、60％以上の大学が授業の補助員をおいていると答えている。パソコン演習における個別指導など補助員の需要が増えている。さらなる拡がりが予測される。

　学生による授業評価は、大学教員の意識改革をねらうという点で確かに強力な起爆剤のひとつである。また、授業評価を導入する是非は、他のどの改革改善の方法よりも論争を呼びがちである。今回の調査結果では既に約３割の大学・短大が「全学的に導入」している。おそらく今後も、授業評価を採用する大学は増加するであろう。しかし、混乱を避けるためには、導入にあたって評価結果をどう扱うのかなど、十分な議論が必要である。

　また、約６割の大学が「学内に授業改革に関する組織機構がある」と回答している。授業改革が大学改革において緊急な課題であり、変容する社会また学生に対応した大学教育のあり方を目ざしての第一歩であることは確かであり、これからが改革の本番といえよう。

　次に、短期大学の場合について、箇条書き的に要約する。

- 授業改革の必要性は短期大学全体としても教員個人としても認められる。
- 四年制大学に比べ受講者数や授業の補助体制では条件がよい。改革への意欲も大学より総じて強い。
- ただ、改革には短期大学全体としてより、教員個人に関わる改善に力点を置く傾向がわずかながらみられる。例えば予備知識不足や授業理解への対処、個人的問題から発する研修会への参加、教育業績の重視傾向などがそれである。
- しかし、教員個人の改善は、短期大学全体の制度に連動していない、あるいはしがたい状況にある。それ故、授業改善が教員のタクトや才量の問題になりがちである。
- また、それ以上に、授業改善が全体に結びつきにくい傾向がある。個人として授業改善を強く望みながらも、それを実行に移せない状態が作り出されている。例えば、四年制大学に比べてシラバスに従った授業計画の作成が低い比率であること、学習意欲を高める以前の出席チェックの大きな比率、教科書中心の授業、視聴覚教材への過度の依存などにそれはみられる。
- 教育に対する「自然な慣れ」以上の課題意識と学内教育研修会のような改革への制度化（全学的な改革）が必要。自然な慣れが教育に対する主体的参与を妨げているようにもみえる。改善が個人に留まっている限りは、全体へと改善の傾向は波及しないかもしれないという危惧もある。

　いまや、大学進学率は49％を超えている。昨年よりわずかではあるが上昇し、大学に入学する学生の多様化が一層進行している。
　また、生涯学習機関として、地域社会から多様な要請や期待が大学に寄せられている。大学審議会『21世紀の大学像と今後の改革方策について』（答申）のなかで、「大学がこれらの多様な要請等にこたえ、より質の高い教育を提供していくためには、個々の教員の努力はもとより、大学あるいは学部学科としての教育目標を明確に示し、その目標実現のための授業科目の開設及びカリキュラムの編成を行い、各教員は、その趣旨に沿った授業内容・方法を決定するという一連の取り組みが必要である」としたうえで「そのよう

な組織的な教育体制の構築の一環として、個々の教員の教育内容・授業方法の不断の改善のため、全学的あるいは学部・学科全体でそれぞれの大学の理念・目標や教育内容・方法についての組織的な研究・研修（ファカルティ・ディベロップメント）を実施することが重要になっている。一部大学でこういった取り組みが緒についたところであるが、大学全体としてはまだ不十分な状況にある。このような取り組みを行うことは、教育研究の不断の向上を図るために大学が本来的にその責務として行うべきものであり、各大学の一層の取り組みを促すためにも大学設置基準において各大学はファカルティ・ディベロップメントの実施に務めるものとする旨の規定を設けることが必要である」としている。変化する社会的状況の中、大学はいかにあるべきなのか、大学あるいは学部、学科の目的を明確にし、教育内容、教育方法などのあり方、そして教職員の意識改革こそ大学改革の中心的課題であることは確かなことであろう。

注
1) 大学も含めた、この問題は、マスコミ等でたびたび取り上げられるところであり、短期大学の廃止、それに伴う四年制大学への移行、短大の四割近い定員割れなど、既に周知の事実となっている。例えば、日本経済新聞（中部版）の1999年5月2日より8回連載の「大学はどこへ」など。
2) これは、ある場合には対立とも矛盾ともなり得る。殊に、学生と教員の知識の差や理解力の差が大きい場合にそうであろう。そのような状況では、しかも学問的な研究対象と内容が特殊化・専門化している現代では、研究成果が授業内容へと直結することはまずあり得ない。これは短大には確実に当てはまることである。
3) 無論、これがよいとは限らない。短大も高等教育機関である限りは、研究と教育とが各教員に求められるのは、事実だからである。教育重視を理由に研究を怠るのは、問題のすり替えであろう。
4) そこでの内容は、採用時と昇進時の記述が混在していたので、この考察部分では区別して用いている。
5) 図11だけでなく、業績の基準に関する自由記述においても、「紀要論文の発表と学生指導の成果」、「教育経験年数、論文の質と量」、「学生指導、クラス運

営、マネージメント能力」、「クラス担任、クラブ担当、委員会委員などの活動についても参考にして審査を行っている」など、学生に関わる事柄が多く含まれていた。
6) 初等、中等教育のように、同一科目について複数の教員を置くことの少ない大学、短大では、その科目が資格、免許等に基づく規制を受けない範囲内で、教員の裁量と責任に任されることが多いが、それが一面では他の教員の授業内容や方法、形態に対して教育的関心を引き起こさない原因となっているのは事実であろう。
7) また、そのような態度は、教育的「自由からの逃走」と言い得るものである。というのも、それは自らが選び取る責任を放棄して、批判的検討を待つべき対象との依存関係に入るからである。
8) 片山、山元、中井、宇田「大学教育の改善に関する実際的研究―学生と教員に対する意識調査より―」(松阪大学女子短期大学部論叢第33号、1995年、松阪大学女子短期大学部学術研究会、7－25頁)
9) これは、採用された教員が「自然な慣れ」によって自分の教育的タクトを作り上げねばならない事情と、関連するものと思われる。
10) この一文は、「大学教育の改善に関する実際的研究―学生と教員に対する意識調査より―」からの引用である。前回では、学生に対して教員が学習意欲を期待することで自らの教育的責務を委譲してしまう可能性が指摘されていたが、今回の調査では異なる形での委譲傾向が見られたので、再び同一の文を用いた。

文献

地域科学研究会編　1996　新・高等教育のデザインと政策展開　第3章　高等教育情報センター

Davis, B.G, L.Wood, and R.Wilson（香取草之助監訳）1995　授業をどうする！―カリフォルニア大学バークレー校の授業改善のためのアイデア集　東海大学出版会

林義樹　1997　新世紀型の大学づくり―『学生参画型の経営』への転換

片岡徳雄・喜多村和之　1989　大学授業の研究　玉川大学出版部

黒木比呂志　1994　検証大学改革　論創社

文部省高等教育局　1996　大学改革の進捗状況について　新・高等教育のデザインと政策展開　高等教育情報センター

日本私立大学連盟　1999　大学の教育・授業をどうする―FDのすすめ　東海

大学出版会
　野田一夫　1991　大学を創る―多摩大学の1000日　紀伊国屋書店
　田中幸代　1998　大学教員に求められる教育力向上のために―教育心理学が検討できる問題の展望　教育心理学研究　47，473-483頁．
　宇田　光　1997　大学における学生参加型講義への取り組み(1)　日本教育心理学会第39回総会発表
　宇田　光　1998　大学における学生参加型講義への取り組み(2)　―多人数授業でのプロジェクト併用　日本教育心理学会第40回総会発表

附記
　本研究の実施にあたり、数多くの大学、短大からご回答をお寄せ頂きました。ここに厚くお礼申し上げます。なお、第2章の内容は、宇田光他　2000　大学の授業改革に関する調査研究（松阪大学紀要、18巻1号、1－18頁）に基づいている。

資料解説
　以下には、(1)本研究で用いた調査用紙、(2)自由記述に続き、(3)学生による授業評価の調査用紙を掲載する。本学では、平成12年度より学生による授業評価を実施した。
　なお、この結果の分析・考察などについては、宇田光他　2001　大学の授業改革に関する実践的研究――学生は授業評価をどう受けとめたか（松阪大学紀要、19巻、印刷中）をご覧頂ければ幸いである。

大学の授業改革に関する調査

このアンケートは、次の2つ部分から成っています。

第一部　大学・学部での教育制度上の改革
第二部　教員としての授業改善への取り組み

> 回答の仕方
> ・（　）内や選択肢の番号は、あてはまるものを○で囲んでください。
> 　　（特にことわりがなければ1つのみ）
> ・下線部には、具体的にご記入ください。
> ・本年10月10日頃までに、同封の封筒でご返送ください。

はじめに貴大学のプロフィールをおたずねします。

〈大学〉

　大学名＿＿＿＿＿＿＿＿＿＿＿＿＿＿＿＿＿＿大学
　学部名＿＿＿＿＿＿＿＿＿＿＿学部
　学部学生の総数（教養部在籍者を含む）
　　1. 0-499名　2. 500-999名　3. 1,000-4,999名　4. 5,000-9,999名
　　5. 10,000名以上

〈短期大学〉

　短期大学名＿＿＿＿＿＿＿＿＿＿＿＿短期大学
　　　　＿＿＿＿＿＿＿＿＿＿＿＿大学　　　＿＿短期大学部
　学生総数
　　1. 0-499名　2. 500-999名　3. 1,000-1,999名　4. 2,000名以上

第一部　教育制度上の改革状況

問い1　次の制度のうち、貴大学で既に実施しているものをすべて選び、数字に○をつけて下さい。

1　セメスター制度（同一科目を週2度開講し、半期で終えるなど）
2　カリキュラムの改革
3　詳細なシラバス（講義細目）を作成する。
4　ティームティーチング（複数の教師が同じ科目を担当）
5　フレッシュマンセミナー（1年生必修の少人数のセミナー）
6　成績評価の制度上の改革（中間試験の実施や出席の重視など）
7　学内教員の授業の相互参観
8　外国語科目の履修方法の変更（英語必修や選択必修化など）
9　他大学との単位互換制度
10　学部・学科の再編、名称変更など

問い2　少人数授業の実施

以下のそれぞれの科目について、授業の1科目あたりの受講生の数（平均的な規模）をお答えください。なお、目安となっている基準を、「〜人を越えないようにする」などのように具体的に書いて頂いても結構です。

	1	2	3	4	5	6	7
教養科目	1〜49名	50〜99名	100〜149名	150〜199名	200〜249名	250名以上	不明
外国語	1〜9名	10〜19名	20〜29名	30〜39名	40〜49名	50名以上	不明
保健体育	1〜9名	10〜19名	20〜29名	30〜39名	40〜49名	50名以上	不明
専門教育科目	1〜9名	10〜19名	20〜29名	30〜39名	40〜49名	50名以上	不明

問い3　教員の授業担当コマ数

専任教員の週あたり「平均担当コマ数」をお答えください。

（例　前期が平均5.2コマ、後期平均5.8コマの場合なら、（11ではなく）5.5コマというように数えて下さい。）

　　　　　　　　　　　_____コマ

問い4　授業の補助体制
　授業の補助員をおいている科目がありますか。
　　1　ある
　　　→　ある場合、科目名または分野_____
　　2　ない
　　3　近く設置を予定している

問い5　学生による授業評価
　学生による授業評価を導入していますか。
　　1　全学的に導入している
　　2　一部の教員が自主的におこなっている。
　　3　導入する予定である
　　4　導入していない
　　　→　していない場合、特に積極的な理由があればお書き下さい。
　　_____

問い6　能力別クラス編成
　能力別（習熟度別）クラス編成を実施していますか、している場合、科目は何ですか。
　　1　している
　　　1a　外国語科目
　　　1b　その他の科目_____
　　2　していない

問い7　補習授業
　補習授業を実施していますか。している場合、理由は何ですか。
　　1　している
　　　1a　未習の科目もしくは入試科目でない科目のため
　　　1b　学力補充のため
　　　1c　その他＿＿＿＿＿＿＿＿＿＿＿＿＿＿＿＿＿＿＿＿
　　2　していない

問い8　授業改革の必要性認識
　教員は「授業の改革改善が必要だ」と認識していますか。
　　1　教員のほぼ全体が必要性を認めている
　　2　一部の教員が必要性を認めている
　　3　必要性はあまり認められていない
　　4　必要性はほとんど認められていない

問い9　組織
　学内に授業改革に関する組織機構がありますか。
　　1　ある
　→　ある場合、その名称は何ですか＿＿＿＿＿＿＿＿＿（委員会　研究会）
　→　ある場合、その形態は次のどれですか。
　　　1a　トップ・ダウン式の機構である
　　　1b　教員の自主的な研究会などの形態である
　　　1c　その他＿＿＿＿＿＿＿＿＿＿＿＿＿＿＿＿＿＿＿＿
　　2　ない

問い10　教育業績の評価
　教員の採用および昇任審査の際に、教員経験年数のほかに、教育業績の評価がありますか。
　　1　ある

→　ある場合、その具体的な基準には何が用いられますか。
　　　　_____
　2　ない

問い11　研修会への参加
　大学における教授法の質的向上をねらって、ファカルティ・ディベロップメント（FD）などの研修会に参加していますか。（複数回答可能）
　　1　大学として、研修会への参加を積極的にすすめている
　　2　教員個人として、研修会に出る人がいる
　　3　学内で研究会を開催している
　　4　その他_____

問い12　教員人事の工夫
　官庁や企業や法曹界など学外での有識者等を、教員として積極的に採用していますか。
　　1　はい
　　　→　その場合、教員全体の何％くらいにあたりますか。_____％
　　2　いいえ

問い13　新入教員を対象とする研修の実施
　新しく入って来られた教員を対象とした、ガイダンスや研修の制度がありますか。（複数回答可能）
　　1　各教員の個人的なつきあいの中で、自然に慣れてもらっている。
　　2　大学として、簡単なガイダンスを行なう。
　　3　大学として公式に、本格的な研修の制度をもっている。
　　4　その他_____

問い14　自由記述
　以上のほかに、貴大学・学部で独自に取り組んでおられることなど、教育

改革の実際を、是非お書きください。

第二部　教員としての取り組み

　以下の問いでは、授業改革の実際をお尋ねします。そこで、<u>授業改革の責任者</u>というべき立場にある方や、とりわけ積極的な、ユニークな実践をされている方などにご回答いただけるとありがたく存じます。場合によってはお手数ですが、貴学の学部内で学部長（教務部長）先生からそうした先生をお一人ご推薦いただき、代わってのご回答をお願いします。

　（第二部の回答者について）

　1　回答者は、第一部と同じ方ですか　　（はい　　いいえ）
　2　回答者の大学での教員経験は何年ほどですか。
　　　　　1．1-9年　2．10-11年　3．20-29年　4．30年以上

　以下、先生の本年度担当されている（された）授業（講義科目、複数ある場合には代表的な1科目）についてお答えください。
　　　・・・　講義科目名＿＿＿＿＿＿＿＿＿＿＿＿＿＿＿＿＿＿＿＿

　（現状について）

問い15　受講生の数
　その科目の受講生数は、どのくらいでしょうか。次のどれか一つを選んでください。なお、同じ講義科目を反復して担当される場合には、1回あたりの平均的な受講生数を答えてください。
　　　1．1-19名　2．20-40名　3．50-99名　4．100-199名　5．200名以上

問い16　教科書・資料の利用
　授業の際の資料は主に何を使っていますか。
　　1　主に教科書を中心にして進めている
　　2　配布資料を中心にして進めている
　　3　教科書と配布資料とを併用している
　　4　その他（具体的に）＿＿＿＿＿＿＿＿＿＿＿＿＿＿＿＿＿＿

問い17　受講生の出席チェック
　講義の出席をとりますか。次のどれか一つを選んでください。
　　1　毎回かならずとる
　　2　ときどきとる
　　3　あまりとらない
　　4　ほとんどとらない
　　5　全くとらない

問い18　悩み
　大学の授業に関して日頃悩んでおられることは何ですか。あてはまるものすべてに○をつけてください。
　　1　受講生の授業中の私語
　　2　遅刻・早退など受講態度の問題
　　3　受講生の予備知識の不足
　　4　理解されたという手応えが乏しい
　　5　受講生が多く成績評価などに忙殺される
　　6　多忙のため準備が十分できない
　　7　教室や設備が十分とはいえない
　　8　その他＿＿＿＿＿＿＿＿＿＿＿＿＿＿＿＿＿＿＿＿＿＿＿＿

問い19　教室環境
　次のそれぞれについて、貴大学の教室において改善が必要と思われる程度

を、○をつけてこたえてください。
（4　強く感じる　3　やや感じる　2　あまり感じない　1　全然感じない）

　　　　　　　　　　　　　　　　　　　　　　　強く　やや　あまり　全然
(1)　音響上の設備の設置や防音対策…………………　4　　3　　2　　1
(2)　空調設備などを整える………………………………　4　　3　　2　　1
(3)　照明やカーテンを整え採光を改善する…………　4　　3　　2　　1
(4)　視聴覚機器を整備する………………………………　4　　3　　2　　1
(5)　掃除を徹底する………………………………………　4　　3　　2　　1
(6)　机やいすを使いやすいものに変える……………　4　　3　　2　　1
(7)　受講生数に見合った大きさの教室の確保………　4　　3　　2　　1
　　　　　　　　　　　　　　　　　　　　　　　強く　やや　あまり　全然

問い20　授業改善の必要性

　授業の改善が必要だと、日頃から感じられますか。感じられませんか。次のどれか一つを選んでください。

　　4　強く感じる
　　3　やや感じる
　　2　あまり感じない
　　1　全然感じない

問い21～問い26　（改善の具体策）

　次にあげる方法を用いる頻度を、それぞれ○をつけてこたえてください。

　　　　　　　　毎回のように用いるなら………　4
　　　　　　　　ときどき用いるなら……………　3
　　　　　　　　まれに用いるなら………………　2
　　　　　　　　まったく使わないなら…………　1

問い21　講義の手順

　　　　　　　　　　　　　　　　　　　　　　毎回　時々　まれ　使わない
(1)　事前に授業の指導案を書く……………………………　4　　3　　2　　1

(2) 授業の冒頭でテーマや目的をはっきりさせる……　4　3　2　1
(3) 宿題を出す……………………………………………　4　3　2　1
(4) 次回の予告をする……………………………………　4　3　2　1

問い22　視聴覚機器など

		毎回	時々	まれ	使わない
(1)	OHPなどの教育機器 ………………………………	4	3	2	1
(2)	プリントを配布する…………………………………	4	3	2	1
(3)	市販のビデオ教材等を利用する……………………	4	3	2	1
(4)	テレビ放送を利用する………………………………	4	3	2	1
(5)	ハイパーテキスト（HTTP）等を利用する ……	4	3	2	1
(6)	模擬実験や簡単な実演などをする…………………	4	3	2	1

問い23　双方向授業、グループ学習など

		毎回	時々	まれ	使わない
(1)	学生の意見をとりいれるなど双方向型の授業……	4	3	2	1
(2)	ペアや数名のグループを活用した授業中の活動…	4	3	2	1
(3)	学生による課題研究などの発表……………………	4	3	2	1

問い24　教員間での教授法についての連携

		毎回	時々	まれ	使わない
(1)	授業を他の教員に公開する…………………………	4	3	2	1
(2)	他の教員と共通の教材を利用する…………………	4	3	2	1
(3)	他の教員と教授法について検討する………………	4	3	2	1

問い25　成績評価

		毎回	時々	まれ	使わない
(1)	学期初めに診断テストを行う………………………	4	3	2	1
(2)	学期途中に小テストを行う…………………………	4	3	2	1
(3)	レポートを課す………………………………………	4	3	2	1
(4)	講義ノートの提出を求める…………………………	4	3	2	1

(5)　口述でのテスト（口頭試問）を行う……………　4　3　2　1
　　(6)　発表をさせる……………………………………　4　3　2　1

問い26　学生とのコミュニケーション

　　　　　　　　　　　　　　　　　　　　　　　毎回　時々　まれ　使わない
　　(1)　授業の感想などを記入するよう求める………　4　3　2　1
　　(2)　学生との個人的なコミュニケーションをはかる…　4　3　2　1
　　(3)　学生と個別に面談する機会をつくる…………　4　3　2　1

問い27　自由記述
　　その他にしておられる工夫など、是非自由にお書き添えください。

〈ご協力まことにありがとうございました。〉
　　本年10月10日頃までに、同封の封筒でご返送ください。
　　なお、当該科目のシラバス等、先生ご自身の具体的な実践を示す資料がありましたら、同封して頂けると幸いです。

　　また、調査の結果概要の送付を希望される方は、同封の白いシールにボールペンなどで住所、氏名を御記入のうえ、返送してください。

自由記述の部

　前半の大学の部では、第一部、第二部のいずれかの自由記述に回答のあったもののみを取り出し、学部別に示した。大学整理番号、学部、内容の順に記載し、筆者が下線を付加して要点を強調した。
　後半の短大部では、他の問いも含めて記述部すべてをカバーしている。
　なお回答中、判読不能の部分は？マークを挿入した。また、大学の固有名が入っている部分については、名前だけをふせて記載した。それ以外は原文のままである。

〈大学の部〉

整理番号０１６　経済学部
　問い27
　・マーケティングの授業では<u>理論と現場を比較検証</u>できるよう試みる。
　・特に、新製品、話題製品に関してはふれさせ、その成果を発表させている。
　・自分の住んでいる商店街、SC等の改善案を具体的にまとめ、レポートする、等。

０１７　経営情報学部
　問い14　個人指導の徹底

０５３　経営情報学部
　問い14
　教育改革から授業改革へのキャッチフレーズのもと
　１）　<u>相対的評価制度</u>の導入

2）　<u>ボイス（先生の声）の公表</u>
3）　<u>緊張感のある授業の徹底</u>、<u>休講なし</u>
4）　<u>小テスト、レポート提出の実施</u>
などを全学的に実施している。
問い27
きちんとした期末テストに準ずるテストを期中に行い、小テスト、レポート（課題研究）、出席回数、期中、期末テストを一覧表にして全体をながめながら評価、授業に1回も出ずに単位を取る、というようなことには決してならないようにしている。

０９０　経営学部
問い27　前期、後期に独自の<u>講義アンケート</u>をおこなう。

０８６　経営学部
問い14　少子化傾向に備えて、教育のあり方はむしろ？的改革ではなくて<u>抜本的改革</u>が必要であると考えている。具体的には
　1　<u>コア・カリキュラム検討</u>
　2　<u>単位の考え方の検討</u>……企業実習やアルバイトなどをレポート提出によって単位取得する方法など
　3　勉強は講義だけではないはずなので、講義受講以外でもレポート提出によって単位が与えられないか検討している。
問い27　理解を深めるために<u>練習問題をできるだけ課す</u>ようにしている。

１０３
問い27　<u>インフォーマルな関係</u>を学生と築けるよう努力している。

１０６
問い14　カリキュラム委員会、自己点検・評価委員会を学部レベルで開いていて、検討している。

問い27　この講義ではないが、200名レベルのクラスをもう一つやっている。出席カードを毎回配り、その裏に講義の質問、感想を書かせている。次回にはその内容を見ながら、復習したり補充をしたり、質問に答えたりしている。講義名は「世界の中の日本経済」です

１１８
　問い14　5時限制への移行、つぎにセメスター制度の採用を検討中。

０１１
　問い27　学生を指名して答えさせる

０２３
　問い27　21―26は、前ページに記載した比較的大人数の低学年対象の概説科目についてである。

０３１　商学部
　問い14
　1　「情報処理論」について日本で初めてIBMの公認インストラクターをアウトソーシングして、情報教育の充実をはかっている。
　2　7年前よりインターネット（当時はBitnet）を通じてアメリカの二つの大学の教員が直接授業をおこなう「外国書講読」の授業を実施している。（商経関係では日本で初めて）
　3　1年生の前期に4年間の商学部のエッセンスを集約して教える「商学部入門講座」を開講し（H6年より）、教員の6割がこの授業に参加している。
　4　商学部に「コミュニケーション＆スピーチ」講座を設け、国際コミュニケーションの専門家が学生に話す技術を教えている。
　問い27　90分授業の見直しを検討している（学生の集中力を欠く）

035　社会情報学部
問い27
・毎回配るプリントに、授業とは関係ない、最近読んだ本やきいた話で感心したものを紹介するコラムを設けている。
・試験やレポートで誤った答えを書いた学生に、「なぜこのような答えを書いたのか」というレポートを書かせる　……毎回はやっていません（気の毒かも知れないですが、時にははっとさせられるような回答があります。

054　経済学部
問い14
1　すでにのべたように、2000年に向けて大幅な改革を検討中。
2　夜間部を2000年から募集停止を計画。

061　経済学部
問い14
教育の目標　1　教養ある専門人の育成、2　外国語能力と情報処理能力のある専門人の育成

088　経済学部
問い14　1998年4月から教養部を廃止し、その構成員の既設学部への分属がおこなわれた。それに伴い、4年一貫教育に基づく新しいカリキュラムを策定中である。
問い27　「西洋経済史」のように大教室での講義のように、講義の工夫といってもできることは限られていると思う。プリントの配布や視聴覚機器の使用などはできる限り行うようにしているが、シラバスを詳細にわかりやすく書き、講義の準備に十分の時間をとり、講義の際にゆっくりとわかりやすく話し、読みやすい板書を行うといった、教授技術上の極く基本的なことが、やはり重要であると考えている。

０９７　経済学部
　問い14　今後の基本的方向として、教学の充実に努めることを第一の目標としている。それには、学生にとりやすい授業時間割の作成、とりわけ社会的要請に十分答えうるカリキュラムの改革を目指している。
　問い27　よくわかる授業を目指して工夫をかさねている。

１１６　経済学部
　問い14　大学院設置、新学科設置（H11年度）、既存学科改組を行っている。
　問い27　・経済学部の学生の受講態度は、他学部と比較して静かであるといわれている。１年次必修の基礎経済学をリレー形式で行い、専任教員が学生と早くからコンタクトをとっているからと思う。
　　・　オフィスアワーを設定している。
　　・　外語、ゼミ卒論を必修とし、できるだけ少人数にする。

１３８　経済学部
　問い14　実務教育を重視している。

１３９　経済学部
　問い14　産学官一体での授業科目（経営学科、ベンチャービジネス論）
　本学学生や社会人のベンチャー（VB）起業希望者に理論、実践両面から支援する専門講座を山口県・商工労働・産業技術開発機構と提携して実施する。詳細はパンフを添付します。
　問い27　実習的レポートを毎回出題する。・講義時間内での野外実習の実施。

１４１　経営情報
　問い14
　　１）　大学はこれから冬の時代などとのんきな表現では済まされない。厳

しい市場競争が始まると予測。数年後の進学希望者＝入学定員は実は地方の大学にとっては、来年からでも、即定員割れの状況を起こす可能性が大。

2） ところが、大学危機の認識感は共有しても、具体的にどこから手をつけたらよいか迷っているのが現状ではないか。また、大学は企業と違い、毎日の資金繰りに追われることなどないことが、のんびりムードを助長している。

3） とりあえず、できるところからと言えば、何とか学部や大学の特徴を目に見える形でアピールし、受験生にとって魅力ある物を打ち出していく以外にはないのではないか。

4） 最近（でもないが）学生は実利的だから、就職状況の良くない学校は敬遠する傾向がある。残念ながら、これが実態だとすれば、教員も就職部の仕事とせずに、自分たちも積極的に何からの支援活動を行うべきではないか。

5） 教育改革はこれらと並行して進めることが必要。

問い27

1） 自分の科目については、毎回ミニテストを実施、毎回評点して学生に返却、成績管理をさせている。これまで期末に数度アンケート調査した結果では、毎回ミニテスト（期末一括テストなし）については、99.9%が賛成。評点は累積方式。

2） 採点する方は疲れるし、大変な作業だが、・解答をみると、自分の授業状況が把握でき反省点ともなる　・授業終了後にテストするので、比較的私語が少ない、などの効果があった。

3） この方法がよいかどうかは分からない。また現状の講義時、250名以上となると、続行できるかどうかは不明。

００８　経済学部

問い14　教育改革の必要性は感じられても実際的方法、効果などがわからない。学生の数、質、教育設備などの点で、他の大規模校、「先進的事例」などは参考に成らない。現在、構想段階だが、地域の専門学校、他の同規模

校との間で単位互換、授業公開などを検討している。

　問い27　通常講義などでさほどの工夫はしていない。ただ1点、企業見学を任意で実施。・ゼミではパソコンによる地域構造変化のシミュレーションを予定。

025　経済学部

　問い27　講義の終わりに15分程度、授業の内容に関連した課題について、レポートを提出させ、学生の理解度を確認し、次の講義に活用している。非常によい物は名を公表し、全体への刺激を高めている。

029　経済学部

　問い14　入学から卒業、就職に至るまで、一貫して学生個人個人の事情に則し指導、教育を行い、その人間的成長を助けることを目標として、小クラス編成の科目の充実に努力している。また、教育内容を卒業後の職業にとってできる限り直接有用なものとするよう努力している。

　問い27　私（回答者）は当大学の中では多人数の講義を受け持っているため、改善策を実施しにくいのが現状です。しかし、他の先生の比較的少人数の講義では、問い22から26の具体策に取り組んでいるケースが多いようです。また当大学ではゼミを2〜4年の3年間必修（15人未満）、その中でクラス別のかたちで学生とのコミュニケーションや個別面談・就職指導を行う体制をとっています。

059　現代文化学部

　問い27　学問・研究の進歩、学生のニーズなどを念頭において、数年毎に学部全体のカリキュラム改革について検討を加えている。

121　経営情報学部

　問い27　学生に現実的な問題意識をもたせ、問題解決能力が養成できるよう工夫している。具体的には、日本（希望者はアメリカも含む）の上場企業

2000社のデータベースから学生各自に２社を選択させ、基礎指標を基準に、企業行動を比較分析させている。コピー等を不可能とし、学生相互にデータを比較検討させ、分析結果をメールに添付、それを毎回評価している。

０９４　国際関係学部
　問い14　問13（４）に記述したように、国際関係学部では、２年前から、新人にのみFDを行っている。
　（参）問13の記述：「国際関係学部のみ、新規採用者研修をおこなっている」
　問い27　授業の終わりに、当日の授業の要約・感想を書かせ、次回に添削して返却し、なるべく一対一のコミュニケーションをはかる機会をつくる。

１３７　経済学部
　問い27　学生が興味を持つよう、内容に時事問題を加えたり、流行の話を加えたりしています。

１５７　人間社会学部
　問い14　カリキュラム改革の結果、教養教育の部分がかえって問題をかかえることになったようにおもわれるので、この問題の解決に早急に取り組むことを考えている。
　問い27　感想、質問など毎回Ｂ６の用紙に書いてもらい、次の回までに読んで、解答の必要なものについては簡潔に補足説明したりしている。できるだけ事例や調査データで説明する。

０２６　経済学部
　問い14　新入生に大学生活に慣れてもらうために、在学生チューター制度をとりいれている。
　問い27　・本学においては、１年次から４年次までゼミが必修となっている。したがって、講義におけるコミュニケーションの不足をおぎなっている。

しかしながら、講義科目によっては、受講生の数が多く成りすぎることによる弊害が生じている。

・大学全体で成績不振者が急増しており、<u>授業のあり方について根本的な見直しの必要に迫られている。</u>単なる授業改革では解決できない問題という認識が大切であろう。

065　政治経済学部

カリキュラム改革　1995年度より現行のコース制カリキュラムを施行しているが、4年目を迎えて種々問題点が指摘されている。そこで本学部に常設のカリキュラム検討委員会において絶えず<u>カリキュラムの見直し</u>を行っている。現在検討中および検討予定の事項は次のようなものである。
　（1）科目の統廃合、（2）段階的学習の強化、（3）言語教育の見直し、（4）二部におけるコースの再編、（5）各コースの充実

入試制度の多様化

これまで本学部は、他学部に先駆けて多様な入試制度を実施してきたが、来年度より一般入試において調査書を合否判定にとりいれる「調査書重視型2科目入試」を新たに実施する。

二部改革

二部の実質競争率が2倍を下回り、二部教育は存亡の危機を迎えている。本学部では、二部の活性化のために、二部検討委員会のもと昼夜開講制、生涯教育への対応、入試の多様化等これからの二部教育のあり方、方向性等模索している。

問い27　担当科目が理論中心で、非常に抽象的であるため、できるだけ具体的な現実経済と理論との接近を図るべく、授業の初めに毎回15〜20分くらいを使って、<u>当日の新聞記事（経済関連ニュース）を材料に現実経済の解説</u>を行っている。これはかなり好評である。毎回定刻前に教室に入り、定刻で授業開始となるため、この時間帯（15〜20分）に入ってくる学生もいるが、やがて大半の学生が定刻前に教室に入って待っているようになった。教室移

動等で遅れてくる学生もいるが、本来の講義が始まる前であるので、この点でもおおむね好評である。

０６７　経済学部
　問い27　学生が主体的に参加して考えるようなタイプの講義になるよう工夫しています。特に学ぶことが楽しいということを学生が理解できる講義を目指しています。

０８０　法学部
　問い27　講義内容にはかなり気を配っているが、受講生が、当方が思う程に興味を示してくれないのが残念です。

０９２　現代文化学部
　問い14　本学部は設置後２年目ですので、いまのところ実施しておりません。完成後に向けてそろそろ準備に取りかかろうかと考えております。

０９８　経済学部
　問い14　前年度取得単位数の少ない学生に対して面談会を設定し、教員が指導している。
　問い27　大教室でも学生に席に入っていって問いかけ、反応をとらえて講義を方向付けていく。
　卒論は必須となっているが、大学祭で全員発表会を毎年行っている。

１０２　商学部
　問い27　講義ノートを設問形式に直して学生に公開。
　板書の手間をなくすと共に、きちんと聴いていないと書き込めないため、集中できる。

１１９　経済学部

問い27　できるだけ具体的事実を踏まえて、わかりやすく楽しい授業を進めている。

１２４　経済学部
　問い27　ホームページで講義ノートor概要の公開

１２８　経済学部
　問い27　OHP、ビデオなど教育機器の使える教室が限られており、今年度の講義では使えなかったので、地図、資料、写真などを拡大して見せて説明した。

１５４　経済学部
　問い27　平明に心をこめて話すようにしている。

１１５　政経学部
　問い14　1）大学設置基準の大綱化に伴い、現在本学では従来の「一般教育科目」区分を廃止し、授業科目の再編成を進めている。2）本学では自己評価については創立以来強く関心を持っており、本年も委員会を設置し、この作業を進めており、大学基準協会の賛助会員より維持会員になるべく申請をしたところである。

０８９　経営学部
　問い14　教員の自己評価ならびに学生により授業評価を実施し、教育改革の一助としている。

０４０　経済学部
　問い14　H8年度から新学科体制に移行しました。カリキュラムの充実が先決で、教育内容の充実はこれからの課題です。
　問い27　きちんと準備し、はっきりしたテーマの元に、しっかり授業をす

れば、それほど新しい機器はなくてもいいのではと考えています。

125　経済学部
　問い14　1）大綱化以降、カリキュラム改革、セメスター制、MDS（複数分野専攻制－A学部所属の学生がB学部のカリキュラム〈体系化されたもの〉を取り、欧米のダブルデグリーを目指すもの）、英語、ドイツ語、フランス語、中国語などの会話中心のインテンシブプログラム（週3コマ）などを実施している。
　　2）　学部においてもカリキュラムの大幅改革を目指して毎年可能なところから改革している。
　　3）　博士課程前期課程の学生の大幅受け入れ（エコノミスト・コースの設置）
　　4）　科目等履修制度を利用したセットメニュー（演習参加必修）を社会人に提供。
　基本的には、この改革は永久に続けられる改革であるとの認識に立っている。
　問い27　研究の成果は、教育での成果があってのみ生まれるという考え方で、日々研究、教育している。

030　商経学部
　問い14　現在、「学生による授業評価」を今年12月実施を目途にその運営方法等を検討中である。
　問い27　1）授業の初めに学生に役立ちそうなマナーや時事的問題について話している。2）授業中は座席を指定し、一列空けて私語を防いでいる。3）授業中にクイズ的問題を提起し、賛成＝反対、正＝誤など手をあげさせて参加させている。4）原則として遅刻は認めない。

135　法経学部
　問い14　入学試験についての基本的に検討する委員会を設け、活発に議論

している。
　問い27　学生が教員の研究室を自由に訪ねることをすすめ、実践している。

１４７　経済学部
　問い14　自己評価点検

０６０　経済学部
　問い14　今年度より、新入生全員にEメールのアカウントを取得させ、教育に利用すべく検討を重ねている。

本調査そのものへの意見など

０９６　国際経営学部
　問い27
　　1　このアンケートをもとに授業における創造性をはたして正確にはかれるのか疑問だ。
　　2　このアンケートは教員に現在何をしているかよりも、創造的なクラスにするためにどうすればよいかを聞いたほうがいい。というのは、必ずしも創造的なクラス作りは現状で許されない場合があるから。私は自分のクラスは比較的創造的な方だが、文部省や大学のしばりがもっと柔軟であれば、もっと創造的なクラスができると思う。
　　3　このアンケートは、上（2）の質問を問うべきだ。例えば、どんな制限をうけているか、どんなことをしているかなど。

〈短大の部〉

■第一部

問い4 （補助員のある科目）
・パソコン演習（054,055,059,067,071,078,093,094,096,120,156）
・ファッションデザイン
・調理実習（114,122,142）
・生化学、食品学関連の実習（082,120,122,151）
・家政系の実験実習科目,実験演習（003,009,012,014,015,022,030,033,037,049,054,055,057,059,061,067,069,071,072,075,085,093,096,104,105,109,110,111,116,120,126,130,135,141,143,146）
・健康スポーツ科学、保健体育（003,137,143,149）
・保育科の体育実技系科目（037,051）
・保育実習指導（120）
・音楽に関する専門科目（声楽講座のピアノ伴奏）（056）
・美術、図画工作（093,111）
・保育内容総論（137）
・児童文化演習Ⅰ、Ⅱ（117）
・学外研修（071）
・食物栄養学科、生活学科、商経学科（060）
・共通科目、学科科目（053）

問い2 （少人数の実施）
・専攻によって又実習科目によって制限あり（075）

問い5 （学生による授業評価未導入の理由）
・学生とは常にコミュニケーションをとり、問題を解決している。（012）
・学生数が少ないため、必要としない（039）

・積極的理由なし（038）
・検討中（109）

問い6 （能力別クラス編成の科目名）
・音楽Ⅰ、Ⅱ（器楽）（033,081）
・器楽Ⅰ，Ⅱ（054,072,093）
・ピアノ（039,082,118）
・English Language Ⅱ（155）
・音楽特別演習Ⅰ，Ⅱ（023）
・簿記演習（067,081,149）
・英語表現、通訳論（102）
・英会話（027）
・英語英文専攻の科目（基礎英語演習、リスニング、英語表現、実用英文法）（037,094）
・音楽科の和声学（037）
・食物栄養、実習科目（110）

問い7 （補習授業の理由）
・個々の学習進度に対応するため。（012）
・放課後希望者に対して。（147）
・教員採用試験受験、資格のための補講（105,119）
・学部編入試験対策（156）
・検定試験の直前に補習（094）
・休講による補講（009,013,025,060,151）
・一部の教員が自主的に行っている。（129）
・交通事故など特別な理由で出席日数がわずかに不足する場合（120）

問い8 （授業改善の必要性）
・改革改善に関する調査がなされていないので、不明です。（036）

問い9（授業改革の組織名）
・自己点検評価委員会（009,014,015,033,041,075,076,114,116,122,132,146）
・短大将来構想検討委員会（105,120）
・カリキュラム検討委員会、カリキュラム委員会（014,053,061,071,093,118,152）
・教授システム改善研究会（135）
・一般教養等改善ワーキング（060）
・授業改善検討委員会、教務委員会、研究教育推進委員会（031,067,081,085,094,109,110,130）
・短大運営検討委員会（151）
・FD委員会（037）
・教務二課、教務部（056,057）

問い9（授業改革の形態）
・各科代表者による定期の会合の形式（053,071）
・自己点検評価企画運営委員会の小委員会（060,065）
・全学的な形態（009）
・委員改定案を教授会で審議する（031）
・授業研究会（102）
・教務委員会、教授会で十分検討された後、トップダウン式（110）

問い10（教育業績の基準）
・本学の教職員資格基準（人事規定）に拠る（015,105,111,132）
・丸秘（142）
・紀要等への論文発表と学生指導の成果。（012）
・学術論文、著書、その他（報告書等）の数（013,076,085,096,143）
・研究、芸術上の業績及び実際的な技術に秀で教育の経験のあるもの、社会活動（065,093,111,119,120,122,149）

・園長経験者など（082）
・論文の点数（006,025,041,053,069,075,081,118）、著書、論文、翻訳等について教授10、助教授6、講師3点以上（067）
・研究論文3本以上（109,126,141,144,155）
・担当授業以外の教育上の公務（教授会、委員会）での活動と経験（061）
・学校業務（130）
・学生指導、クラス運営、マネージメント能力（054）
・地域への貢献度（129）
・教員経験年数、論文の質と量（079）
・本学の教育理念、方針を理解しようとの努力、教育者としての自覚と責任、担当教科に対する理解と研究、教授法や指導に対する創意工夫の努力、学生と積極的に関わる姿勢、クラスや学生集団を指導する能力、専門分野での研究業績、地域社会での活動、本学の管理運営に関する責任分担能力、教職員間の人間関係、心身の健康の管理。（151）
・トップダウン式の組織の中へ教員の参加も可能（102）
・人格識見、勤務状況、研究業績、教授指導能力、教育上の実績もしくは業績、管理運営上の実績もしくは業績、社会的実績もしくは業績、実務経験及び実務能力、健康状態（022）
・出席日数、勤務状況（会議や行事への参加）（037）
・具体的な基準はないが、クラス担任、クラブ担当、委員会委員などの活動についても参考にして審査を行っている。（051）
・特別演習（少人数ゼミ）の開講（014）
・進路講座Ⅰ，Ⅱの開講（014）
・コース制の導入（014）
・新たな講座の開講（014）
・4年制大学編入対策（014）

問い11（研修会の参加）
・個人的な参加は不明です。（036）

- 必要な研修会のワークショップの部に参加している（094,144）
- 音楽関係の教員及び他大学と関係を持っている。(013)

問い12（教員人事の工夫）
- 教養、語学の分野並びに社会との連携を増大するため（行っている）。
- 非常勤採用では広く有識者を求める努力をしている。
- 公開講座を開催し、社会人教育（生涯教育）を定期的実施。
- 科目等履修生制度の利用。(071)
- 必要に応じケースバイケースで対応。(054)

問い13（新任教員の研修）
- 各科の責任者によるガイダンスを実施、及び評価。(071)
- 各学科において随時ガイダンスを行う。(119)
- 人事課で研修（094）

問い14（その他の教育改革）
- 海外教育機関との相互訪問（071）
- 大学の組織改革に取り組み検討中（105）
- 専任教員用の部屋を教材準備室に改め、従来のプリント配布から一歩踏み出した教材を作成できるようにした。どのような結果が得られるかは今後の課題である。(039)
- インターネットの国際用語である英語教育を重視して、学生の英語使用能力を身につけさせる方法の探求。
- ※※（固有名）短大の国際の名前に恥じないような国際的に通用する独特な教育を検討中。
- マスメディアを利用することを考えている。21世紀の大学教育にインターネット、E-mailなどの利用は必須になると思われる。(025)
- 卒業生、在学生にアンケートをすべての面で実施。(151)
- 5年前に文学部を「国際文化学部」に改組改編し、来年度より専攻設置を

図ります。改革は教職員1人ひとりの自覚に拠るところが大きいので、教職員の意識改革を最優先に目下取り組んでいます。(102)
・専攻科のカリキュラム改革（079）
・私立短期大学として、創立の精神をよく理解させる。授業のあり方を検討し、実施している。(144)
・学位授与機構で認定されている本学の専攻科の2年制への変更（現在1年制）及び、カリキュラム改革に取り組んでいる。(100)
・全教員に専門領域の研究テーマの他に学生指導なり、実習指導上の問題解決のためのテーマ設定をしてもらい、その成果はいずれ公表の予定。
・教員の指導能力、指導技術についての自己診断テストを実施。
・学生による授業評価の結果については、各教員のコメントを付けて公表。(037)
・毎週1回（定時45分）、クラスごとに分かれてチューター指導の「心の教育」及び事務連絡を行う時間を設けている。学生の出席率は9割以上であるが、欠席する者もいるので、指導方法の改善を検討中である。(120)
・保健体育の教員養成を主としたスポーツ専門の大学であるが、少子化に伴い教職の窓口がない現在では、スポーツ産業の領域に目を向け、その道のサービスについて企業との関わりを持ちインターンシップ制度を授業に取り入れている。(051)
・学科の再編整備について小委員会を編成し、討議している。(110)
・いろいろ考えてはいるが、関心を持つ教員が少ない、種々の資料を配布するが反応がない（038）
・単位認定とは別に英会話を勉強したい学生のために、週2回英会話サロンを開催している。(094)

■第二部

問い16（教科書、資料の利用）
・教科書とビデオテープ。(049, 147)
・参考図書 (122)
・講義を中心に参考書を使用 (036)
・体験学習 (039)
・教科書とチェックテスト (059)
・部分的に購入させた資料を活用 (096)
・コンピュータによる機械翻訳の課題 (144)
・実体験を通したワークショップ (027)
・実技が中心で教科書も使用する (003)

問い18（悩み）
・授業時間の不足 (152)
・実験機器の充実を望む。(071)
・本学入学前までの学生の学習履歴の相違 (119)
・習熟度の差が大きいこと (126)
・自由選択科目の場合の受講者激減 (031)
・学生の自覚、授業を受ける心の準備が不足 (102)
・受講者数の制限、教師の担当時間数、必修英語クラスの学生数とやり方（マルチメディアの利用）の促進 (144)

問い27（その他の自由記述）
・授業中眠かったら机に伏せて自由に眠れるようにしている。代わりに私語は他人の迷惑になるので厳しく禁じている。
・眠る学生の数を自分の授業評価の一つの指標として利用。
・授業中の小テストで理解の度合いをチェックし、教え方を工夫している。(142)

・一番努力している点は、学生にこちらの熱意が伝わるような授業を心がけている。学生はこの点に関してはすごく敏感なように思う。
・また、実践的なこともできるだけ授業内容に取り込むようにしている。(147)
・学生による授業評価を学期2回（中間、後半）実施。個人、他に学科全体で「自己点検評価」の一環として実施した年もあった。個人的には学内でも志のある教員の何人かは実施している。(060)
・工場見学や商品学教室（企業から専門の方に来学を願う）なども取り入れて、できるだけ現状を直接知る（知らせる）努力をしている。
・被服整理に関する電化製品の市場状況をパンフレットを収集させ、レポート提出。(122)
・研修旅行、合宿などを数多く取り入れる学事日程を検討している。学生の顔と名前をわかる段階から、日常会話が学生、教員間で成り立つ関係を目指している。(039)
・学生の授業に対する意欲、興味、関心を喚起するために、多様な教授法を検討し、成績評価についても学生の多面的な能力を評価するようにしている。(009)
・インターネットを利用し、学生にテーマに応じた情報を検索させたりする。(061)
・京都研修旅行（4泊5日）や各科研修会（国立東京博物館）などを通じて、積極的な日本文化の接触・理解を押し進めている。それらと国文学購読の内容に少しでも関わるように講義中にアドバイスしている。(155)
・短期大学の存続可能性を探求中。生涯学習の基礎教育に重点を置いて、社会人になってもリカレント学習に意欲を持つよう指導し、大学3年編入、通信教育。(025)
・質問等は電子メールでも受付け、回答するようにしている。
・自由課題のレポート指導は、基本的に電子メールのみで行っている。
・希望者については、毎学期裁判所見学を実施している。
・出席表には可能な限り、「授業で学んだこと」を箇条書きにするように指

示している。(143)
・私語が改善されないときには、座席指定にする。(088)
・学生とのコミュニケーションに関して、毎回コメントカードを自由に記入させている。疑問点、よく理解できなかった点など、数人以上が同じ内容であれば、次回の授業の冒頭で復習をかねて、再度説明している。(085)
・代表的な科目ではないが、他の心理学の授業では、学生の体験的参入を取り入れ、理解を深めるように工夫している。しかし、全般的には工夫の方法について悩んでいることの方が多い。(100)
・授業終了後アンケート調査がある (082)
・授業中の小テスト、感想文を書かせる (037)
・画一的な授業展開でなく、授業の感想などを毎回記入させ、その中から問題になる点などを取り上げて、学生の自己発見と自己啓発をさせ授業に活かしている。(051)
・学期中に2回以上野外授業を行っている。また1回以上事前観察会の手伝いボランティアを行っている。(027)
・テキストに記載されている文章をわかりやすく丁寧に表現し直して、板書説明するなど学生の学力不足対策に力を注ぐ。
・講義で取り上げるテーマを学生の生活領域に関連する事柄と結びつけるよう心がけた授業を実施。(149)
・個人としてのケジメをつけることに重点を置き、授業内容などについては学生のその日の状態によって決定していく。あくまで学生主体の授業になるように既成概念にとらわれないように柔軟に対応していく。(118)
・オフィスアワーを設けて、相談に来やすいようにしている。(079)
・実習終了後に、講義内容の展開と関連したレポートや課題のまとめを提出させ、事例として引用したり、資料として用いる（体験学習として関連性を重視）。
・90分の講義時間に集中と分散（グループでの話し合い）、一斉とグループ学習などを取り入れて、流れを作るように心がける（演習をとりれた講義）。
・前回の講義の要約をして、今回につなげて講義内容の関連性、学習の視点

での内容理解を担当者として把握する努力をする。(069)
・年度始めに配布される講義概要には、月ごとの進度状況が記入してあり、学生はこれによって授業内容を前もって知ることができる。(141)
・音楽授業では、毎回時間の許す範囲で童謡などの弾き歌いを学生の前で発表させる。学生の個人能力開発の実施をしている。
・学生のピアノ伴奏で学生にうたわせる。(156)
・学生の求めるもの、社会の要求する知識を時代にあったより的確なものとして授業に取り入れている。(081)
・研究室に自由に出入りできるようにする。(094)
・感想やレポートなどを学生にフィードバックして授業に用いる。(117)

■その他

問い21～26
・講義は原則として英語で行っている。
・レポートは、300語前後の英文で書くことにしている。
・提出されたレポートは、3週間以内に採点し、コメントして返却している。
・毎回の講義の冒頭では、テーマに関するビデオ（英語で10分～20分）を見せている。
・講義を成功させるために大切なことは、提出されたレポートの採点を必ず期間内に行い、各自へコメントをつけることであろう。こうすることで、学生は各自が教員との関係を親密に持ってくれ、講義への参加の姿勢が保たれるようである。

問い21
・指導案は書かないが、資料なので講義の展開方法を考えておく。(069)

資料 「学生による授業評価」の調査用紙

授業アンケート

　このアンケートは、授業の充実、改善を図るために、また学生の皆さんの授業への意識を高めるために行なうものです。この調査の結果が、あなたの成績に影響することはありませんので、率直に答えて下さい。回答は、「授業アンケート回答用紙」に記入して下さい。

1. この授業について
1) この授業の内容は、興味・関心が持てた。
2) 授業の進め方は、内容を理解するのに適切な速さであった。
3) 説明がていねいで、わかりやすかった。
4) 口調が明瞭で、話が聞き取りやすかった。
5) 板書やO.H.Pなどは、授業を理解する上で適切であった。
6) この授業で使われたテキスト、配布資料は有益だった。
7) 私語は少なく、勉学の雰囲気は保たれていた。
8) 開始・終了時刻は、守られていた。

2. この授業におけるあなた自身について
9) 授業に集中して、説明を熱心に聴いた。
10) 予習、復習をするなど、積極的に取り組んだ。
11) 授業の内容をよく理解できた。

3. この授業における教員について
12) 授業の準備をする教員は、十分にしていた。
13) 授業に対する教員の熱意を感じた。
14) 教員に質問や相談に行きやすい。
15) 教員は学生に対して公平に接していた。

4. この授業を全体的に振り返って
16) 授業に刺激され、関連する事項に興味が持てるようになった。
17) 授業は有益であり、他の学生に推薦したい。

5. オプション
18)
19)
20)

2章 大学の授業改革のゆくえ　117

授業アンケート回答用紙　[0][0]

[回答上の注意]
1. 授業コード、学年、学科については数字（標準字体参考）を枠に触れないように、その他の項目については、もっとも適切な欄をマーク☑して下さい。
2. この用紙は、**折ったり、汚したりしない**で下さい。
3. 記入・マークに際して、**HBの鉛筆**を使用し、**訂正する場合は消しゴムで完全に消して**下さい。
4. 裏面には自由記入欄がありますので、そちらにも記入をして下さい。
5. 標準字体　[0][1][2][3][4][5][6][7][8][9]

| 授業科目名（　　　　　） | 担当教員名（　　　　　　） |

| 授業コード □□□ | 学　年 □ | 学　科 □ | 1年記入不要
政治経済学科：1
地域経営学科：2 |

| 曜　日 | 月 火 水 木 金 土 | 時　限 | 1 2 3 4 5 |

この授業へのあなたの出席率の欄をマークして下さい。
　0〜20%　　20〜40%　　40〜60%　　60〜80%　　80〜100%

	そう思う	どちらかと言えばそう思う	どちらとも言えない	あまりそう思わない	そう思わない			そう思う	どちらかと言えばそう思う	どちらとも言えない	あまりそう思わない	そう思わない
1)	□	□	□	□	□		11)	□	□	□	□	□
2)	□	□	□	□	□		12)	□	□	□	□	□
3)	□	□	□	□	□		13)	□	□	□	□	□
4)	□	□	□	□	□		14)	□	□	□	□	□
5)	□	□	□	□	□		15)	□	□	□	□	□
6)	□	□	□	□	□		16)	□	□	□	□	□
7)	□	□	□	□	□		17)	□	□	□	□	□
8)	□	□	□	□	□		18)	□	□	□	□	□
9)	□	□	□	□	□		19)	□	□	□	□	□
10)	□	□	□	□	□		20)	□	□	□	□	□

[裏面に続く]

自由記入欄（枠内に書いて下さい）

(1) この授業でよいと思ったことを書いて下さい。

(2) この授業で改善を要すると思ったことを書いて下さい。

(3) この授業であなたが反省することを書いて下さい。

(4) その他、授業について思うことを何でも自由に書いて下さい。

［ご協力ありがとうございました。］

3章　大学教員の地域社会への貢献
巡回スクールカウンセラーの立場から

宇　田　　　光

はじめに

　大学教員は、どのような形で地域に貢献できるのだろうか。まず、日頃の研究・教育活動自体が、直接・間接に地域に貢献しうる活動である。つまり、地域社会に学生という人材を送り出す立場にいるからである。しかし、それだけでは、当たり前のことをしているだけである。どんな職業にせよ、ふつうに仕事をしていれば、何らかの意味で地域に貢献できる。よってここでは、大学の教員だからこそできる地域への積極的な貢献とは何か、を考えるべきであろう。

　行政の様々な審議会委員を務めるなどの活動も、地域に対するひとつの貢献である。筆者の場合でいえば、社会教育委員その他教育関係の協議会に出席する機会が少なくない。このようなしくみは、専門家の意見を採り入れながら行政が動いているのだ、という姿勢を表明するものと言えよう。ある分野の専門家となると、実際には大学の教員以外に適任と考えられる人は少なくないだろう。ただ、大学教員の場合、誰の目からも専門家が参加しているのだと理解されやすいという利点がある。

　次に、公開講座の講師や研修会の講師などを務めるのも、地域への貢献である。また、一般読者向けの本を出版するのも、地域への貢献と言えるかもしれない。これらは、学生を含めて地域住民に対して、大学での研究成果の開示を行っていることになる。それ以外にも最近注目を集めているNPOなど、数多くの活動の場がある。今後の可能性が開けている。

　本章では、地域に対する大学教員の貢献のあり方を、特にスクールカウン

セラーとして市内の中学校を巡回指導してきた立場から考察する。地域に対して大学教員はなにができるのか、またなにをすべきなのかを考えていく。

1　スクールカウンセラーとは

教育改革の動向

　不登校やいじめを初め、様々な学校での問題。今日の学校は、明らかに大きな矛盾をかかえている。社会全体の急激な変化の中で、子どもも変わりつつある。しかし、その速さにとまどいつつも、学校も変わろうとしている。

　「総合的な学習の時間」の創設、学校週5日制の導入、高校での新科目「情報」・「福祉」の導入など、カリキュラム上の大幅な改革が進みつつある。また、中学校と高等学校とを連携させる中高一貫教育の推進など、次々に新たな制度改革が提案されている。これらは、論議を呼びながらも、実現に向けて既に動き出している。

スクールカウンセラー（SC）制度の導入

　スクールカウンセラーという制度も、学校のかかえる諸問題に対処するひとつの解決策として、正式には平成13年度から導入された。もともと、SCをどのようにすればうまく活用できるかを、調査研究しなさい、という各都道府県教育委員会への文部科学省の委託事業である。学校という「閉じられた組織」に、外部から専門家を導入すること自体が、画期的な試みだとも言われている。中学校から順次、全校に配置する方向である。ただ、非常勤で外部から入る形である。

資格

　SCはふつう臨床心理士という資格をもっている。これは日本心理臨床学会と他の関連学会が設立した資格認定協会が出している資格である。ただ、現状では臨床心理士の数自体が限られている[1]。精神科医や筆者のような心理学を専門とする大学教授なども、SCとなっている。

　心理学分野では、臨床心理士以外にも、新しい資格が次々に誕生している。

日本カウンセリング学会が認定するカウンセラー、厚生労働省認定の「産業カウンセラー」、日本教育心理学会が進めている「学校心理士」(スクール・サイコロジスト)・「学校心理士補」などである[2]。新しい資格が生まれては他のものと結びついたり、別の資格として再生したりする。その様はちょうど近年の政界における政党再編にも似ている。当分の間、資格問題は混乱しそうな情勢である。

職務内容・形態

　学校や教育センターなどでの、児童生徒への直接のカウンセリングはもちろん、親や教師への援助(コンサルテーション)などをおもな仕事とする。原則として、週に2回(年間35回)、各4時間の非常勤の勤務である。派遣先は主に中学校となっている。このほか、カウンセリング校内研修や保護者を対象とする講演会の講師として呼ばれる場合なども出てくる。

　現状では、SCの居場所となる相談室やカウンセリング室を持っていない学校もある。その場合は、会議室の片隅や保健室、空き教室などを使うことになる。学校に派遣されたSCの初仕事が、空き教室を改装して相談室を作る際の助言、という場合もあるわけである。

　毎週決まった時間に大学から教員が外に出るという点では、非常勤講師としての他大学への出講に近い勤務となる。そして、他大学への出講の場合は、教授会で承認を得た後は、出張届けを出す必要は生じない。しかし従来、大学教員が中学校に定期的に出かけるという形は想定されていなかった。このため筆者の大学では、その都度出張扱いである[3]。もっとも、他大学への出講と同等の扱いとしてしまうと、今度は他大学への出講コマ数の制限にひっかかるおそれがある。

2　スクールカウンセリングの実際

巡回型のスクールカウンセラー

　特定の学校や相談センターなどの拠点に固定して配置するタイプのほかに、SCは複数の学校をかけもちする場合もある。筆者の場合は後者であり、

「巡回型」と呼ばれる。つまり、A校で勤務した翌週はB校、また次の週はC校、というように、次々に回っていく。筆者は、週1回の勤務で4校をかけもちしてきた。同じ学校に次に行くのはほぼ1か月くらい後ということである。

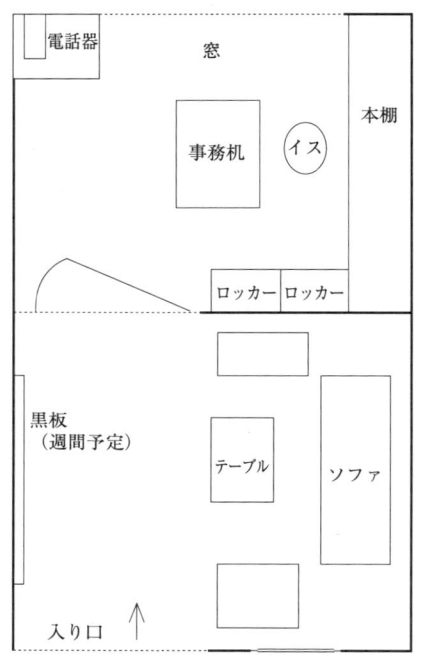

相談室

この学校では、保健室の隣に相談室が設けられている。もともと学校では養護教諭がカウンセラーの役割を積極的に担ってきた。また、外部から来るSCの窓口役を、養護教諭が務める学校も多い。その意味でも、保健室と相談室とが隣接するかたちが理想的であろう。

保健室は、教室に入りづらい子らの基地となっている。登校はするものの、教室には入れずに保健室にずっといて勉強している。そんな生徒が、どの学校の保健室にも何人かいる。また、休み時間となると、特に身体の具合が悪くもない子らが次々と来室する、そんな状態となっているのである。

相談室の入り口には、ホワイトボードが設置されている。ここには、「面接中」とか「お静かに」などの看板を掲げておく。相談室をはいると内部が2部屋に仕切られている（図1）。入り口側が面接室で、応接セットがある。奥には、小型のデスクや簡単な棚、ロッカーなどが設置され、カウンセラーの控え室となっている。もっとも、このような立派な部屋はむしろ例外的である。多くの学校では、ふつうの会議室をそのまま使っていたり、空き教室のガランとした中で面接したりしている。教室というものは、机やイスを取

図1　相談室の平面図（例）

っ払うと結構広い。数名の面接の場所としては、かえってそのままでは落ち着かない。そこで、ついたてやカーテンで間仕切って使う。

なお、「心の教室相談員」[4]もこの部屋を利用するが、時間がSCと重なることはなかった。また、特定校にSCが常駐する場合には、職員室に机を一つ入れてもらう例もあると聞いている。

表1に、ある中学校で筆者が1年間に行った面接等の概要を示している。この表にしたがって、簡単に解説しておこう。

相談の内容

① Mさんという保健室の「常連」が1人いて、年間続けてほぼ毎月会っ

表1 巡回型カウンセラー、T中学校での年間勤務実態

回数	月	クライエント・相談内容等			
		①	②	③	④
1	5月	Mさん			相談係とのうちあわせ
2	6月	Mさん	K君担任〈その他〉	Aさん担任〈非行〉	S君担任〈その他〉
3	7月	Mさん	Y君担任・養教		
4	9月	Mさん	Y君母		
5	10月	Mさん	Y君担任		相談係とのうちあわせ
6	12月	Mさん	Y君担任	Nさん担任	
7	2月	Mさん			校内研修会（講師、事例検討）
8	3月		Y君		相談係・養教とうちあわせ

(注) 各回午後1時〜5時の半日間の勤務である。主な面接のみを記載し、短時間のものや生徒との雑談などは省略した。
〈 〉内は相談内容の分類。記入のない場合はすべて不登校の相談である。
①は前年度より継続して面接。
養教＝養護教諭

ている。
② Y君という生徒の不登校を巡って、まず夏休み前に担任や養護教諭から相談を受けた。続いて9月に母親、最後に半年後に1回だけ本人と面接している。
③ 1回限りの面接で終結している例がいくつか見られる。問題が解決してもう必要がなくなった場合、時間が取れなかった場合などが考えられる。民間のクリニックや児童相談所などに既に相談に行った、あるいは現在通っているという例も多い。いわゆる「セカンド・オピニオン」を求めて来談される例も、少なくないようである。
④ 常に多くの教師と連携を取っている。特に養護教諭や生徒指導担当からは、毎回状況を聞いている。SCとの連絡調整をする担当者は、学校によって様々である。養護教諭や生徒指導担当教諭の場合、あるいは相談係りの場合などがある。最近では、校内に「教育相談部」等の組織を作って対処する学校も増えているようである。

相談の種別は、不登校が圧倒的に多い。巡回型のSCの場合、何しろ次に来るのは1か月後で、あてにはならない。そこで、巡回型のSCには、非行など突発的に対処すべきことが生じがちな生徒を紹介しづらい事情もあるかもしれない。

訪問回数・時間

この学校には、年間8回（各4時間）訪問した。のべ32時間である。1回あたりの面接時間は1時間前後である。なお、相談の種別（不登校、非行、その他）や面接した時間他の概要を、SCは報告書に記載しておくことになっている。

カウンセリングは、1回限りでは終わらず、何週にもわたってくりかえし面接することが多い。そのため巡回型のカウンセラーの場合、同じ人に数回の面接をする間に何か月も経過してしまう。一般的なカウンセリングの1週間という間隔は、決して絶対的なものではない。しかし、次の面接まで1か月間というと、早急な解決を熱望しているクライエントの立場からは、いか

にも漫然としており不満であろう。

　限られた数のSCで、市内にある全中学校の需要を満たそうというのである。いかにも苦肉の策である。しかし、実際にこのような形で勤務してみると、巡回することによるメリットもある。

　第一に、クライエントの側は、カウンセラーの側が巡回してくれるため、特定の拠点校なりセンターまではるばるでかけていく必要がない。子どもがふだん通っている学校という日常的な場で、相談を受けることができるのである。特に初めて相談を受ける場合、「この程度のことでわざわざ専門機関に相談に行っていいものだろうか。」などと、不安に思うものである。一方、巡回方式だと、日頃から子どもが通っている学校に出かけていって相談を受けることができる。これは心理的にも、移動の点でも一般には楽である。ただ逆に、子どもが通っている学校に相談に出向くのは気が重い、という親もあるようである。

　第二に、カウンセラーは複数の学校を巡回することで、近隣の他の学校に対する情報を得ることができる。そのため、転校を考えている事例などに対しても、助言がしやすくなる。

　不登校やいじめの相談などでは、転校という選択肢を考慮する場合も少なくない。特に、学校に原因があるとはっきりしている場合は、解決策として有力である。新しい環境に移ってしまう。これは最後の手段とも言え、勇気のいることではあるが、考慮に値する。いろいろな学校の実状がある程度わかってくると、適切な助言がしやすくなる。実際、A校で相談を担当していた1年生が、2年次にB校に転校してきたため、引き続いてそこで担当した例がある。これなどは偶然であり特殊な例ではあるが、拠点校に常駐する制度であれば、生徒が転校してしまえば関係が途切れてしまう。あるいはうまくいっても、別のカウンセラーにバトンタッチするところである。

3　いろいろな立場から見たSC

中学校教師の立場から

　中学校の教師からみたSCのメリットを考えると、第一に、直接・間接に

負担が軽減される面がある。特に不登校の場合、原因からして様々な理論が乱立し、対処が専門家の中でさえ混乱している現状がある。まして、ふつうの教師が不登校の子を担当した場合に、途方に暮れてしまうことがある。「いったいどう対処したらいいのか」と不安に思っている教師は、専門家が対処してくれればありがたい、と感じる。SCという専門家がいてくれる、または定期的に来て助言してくれる、という形を取ることは有意義である。もっとも、その前提として、学校でより有効な助言・指導ができるように、SCが訓練されなければならない。現状では、「学校の教員への援助をする専門家」はほとんどいない。臨床心理士はもともと、病院での治療が主な仕事であろう。指導の場である学校には、やはり学校向けの援助のできる専門家が必要になってくる。

　第二のメリットとして、閉鎖的と言われがちな学校に、外部から情報をもたらし、他の機関との連携がはかれる。近隣中学校での不登校の状況、研究会や講習会などの情報、新しく出版される本の情報などである。また最近では、現職教員が大学院に入って勉強する機会も増えてきた。この点で、大学関係者として情報提供できることもある。

　第三に、コンサルテーションが促進される。同僚のベテランの教員に、若い教師が相談に乗ってもらうなど、教員どうしだけでうまくいくこともあるだろう。しかし、外部の人に話す方が気が楽だ、という内容もあるのではないだろうか。特に、自分は他の教師なら当然できることを出来ないでいるのではないか、という不安を持っている場合などである。

生徒や親の立場から
　親の立場からは、学校の先生には言いづらいことも、学外から来るカウンセラー相手なら言える可能性がある。これはSCという制度のメリットである。ある生徒を巡って、親と担任教師の双方に順次面接する場合がある。こういった時、親は教師への不平不満をならべ、教師は親の悪口を言う、という形になる場合が少なくない。（SCは、そのどちらの肩も持つことはできない。）

しかし、こうした悪口が言える相手が必要だとも考えられるのではないか。陰で悪口を言うのは決してほめられたことではない。しかし、悪口を言うことで発散して落ち着く。そしてより合理的な対処ができるという効果もある。また、いろいろ言っているうちに、相手（教師）の立場というものに気づくこともある。「先生もいろいろあって忙しいんだから、そう私の子だけをうまく指導することも期待できないだろうな。」とか、「この親もそれなりに努力はしてるけど、子どもの力に負けてどうしようもなくなっているんだな。」というように、より現実的な見方に至る場合である。

生徒の場合も、教師への不満など、SCのような外部の者にしか相談しにくい内容がある。教師がえこひいきする、担任の教師と性格的に合わない、などの訴えがこれにあたる。

大学教師の立場から

われわれ大学の研究者は、「現場のことを知らない」とか、「机上の空論ばかり言う」、などと批判されることが多い。しかし、大学で臨床心理学や教育心理学を教えている教員は、実はいろいろな形で既に、実践的活動にも従事している。学内の学生相談室・カウンセリングセンターのカウンセラー、地域の教育センターの相談員などである。カリキュラムや教育方法・技術などの観点から、学校現場に深く関与し続けている研究者もいる。また最近では、現場経験をもった研究者も増えている。机上の空論を振り回して、現実の子どもを見ていないわけではないのである。

とはいえ教育心理学者の多くが、教育を研究しているのに「学校現場に弱い」という負い目を抱えている。このことも事実であろう。その点、大学教師としての職務のかたわらSC活動をしていると、学校現場に少しは強くなれる。筆者自身は、小学校の教員免許状をもっているが、現場経験はない。SCとして勤務をしてみて、学校という場の実態なり生徒の様子を、把握しやすくなった。教壇に立つまではできないにせよ、子どもたちのいる場で過ごす時間は有意義である。

実際、SCとしての経験は研究構想上も、大いに役立っている。研究とい

うものは、意外なところにヒントが転がっている。特に教育心理学の研究者にとっては、現場はやはり貴重な情報源なのである。講義でも、「不登校」などの今日的な問題について、以前よりもよりリアルな話ができるようになった。実体験を土台として話せるからである。むろん情報の秘匿の観点から、実際の事例をそのまま話すことはない。

また、内部から見ているとわからないようなことに、外部からの目だときづくこともある。現在の学校は、時代遅れの面が多々ある。例えば、面接中に大音量の校内放送が入って、中断を余儀なくされる経験は少なくない。聞いているとその多くは、特定の個人を呼び出すためのものである。大勢の生徒を一斉に集めたい場合などは、放送もやむを得ないと思う。しかし、一人の人を呼びだす全校放送は、無駄であり迷惑である。学校に出かけるたびにこのような不満をもらしているのだが、いっこうに改善されそうにない[5]。

大学には校内放送がないのがあたり前である。中学校には、あるのがあたり前である。あたり前を変えるのが一番難しい。しかし、あたり前のところに目を向けていくことこそ、教育改革の大切な視点であろう。

4　教師カウンセラーとSCとの比較

アメリカでは、教科の指導は教員がやり、生徒指導上の問題は別の専門家が担当する形をとる。日本とは対照的である。つまり教科担当者が生徒に問題があると考えると、カウンセラーに対策をまかせる。分業体制を取るのである[6]。教師の負担軽減という視点からは、好ましい方法にも思える。しかし、教科指導と生徒指導の問題を、果たしてこのようにはっきり分けて考えられるだろうか。疑問に思う教師の方が多いのではないだろうか。日米教育の比較研究によると、アメリカ人、研究者の目からすると、日本の教育の特徴の一つは、「全人教育」にある。（Linn, 2000）

従来の日本の学校では、校内でのカウンセラーの役割を教師たち自身が兼ねて担当してきた。知識の伝達という表層的な活動に、教育が終始してはならない。人格を完成させるというより高い目標が、高い人格識見を備えた教師によってなされるべきなのだ、という考え方によっている。ただ、日本の

教師は悪く言えば「何でも屋」であり、すべてを抱え込む多忙な仕事になってしまっている。

　教師が校務分掌として、カウンセリングをおこなう場合がある。このとき、外部からくるSC（学校臨床心理士）とは区別して、「教師カウンセラー」といっている（村山、1998）。このような教師カウンセラーと比較して、外部から派遣されてくるSCには、どのような特徴があるのだろうか。

　SCはカウンセリングの知識や技能を備えている。そのような専門性に対する期待の目が向けられるのは当然である。むしろ、以下では非常勤で学校に入るSCの様々な制約が、逆にプラスに働きうる側面を挙げてみよう。

(1) 生徒を知らない

　第一に、外部から学校にはいるSCは、個々の生徒を知らないから有利である。このように言うと、奇妙に思われるかもしれない。しかし、教師がカウンセリングも担当していく場合、どうしても授業中のその子どもの態度とか学業成績を重ねて見てしまうことになる。よく言えば多面的に、悪く言えば偏見をもって見てしまうのである。一方、SCは子どものカウンセリングを担当する前に、担任教師からその子の置かれている状況の概要を知らされる程度である。つまり、過去のその子の失敗、欠点、家庭の複雑な事情などを知らない。そのことは、決してSCにとって不利な条件とはならない。むしろ、まったく先入観なく、新鮮な目でその子どもに接することができる。

　独創的なアイデアを出す技法に、ブレインストーミング（BS法）がある。実業家のオズボーンが考案したものである。例えば商品開発会議でBS法を用いる場合、その商品の専門家だけではなく、素人を入れて進める。専門家はかえって技術的な制約を知りすぎている。そのために、斬新な案が出ても「これはできない」と簡単に判断してしまうのである。むしろ素人の方が、新しい独創的なアイデアが出しやすい。同じように、過去の経緯など全く知らないことは、SCにとって有利な面となりうるのである。

　小学校で問題となっている「学級崩壊」への対処法として、TTや教科担任制などが提案されている。常に複数の教師があたるということである。こ

れも同様の視点であろう。

(2) 会う機会が少ない

　第二に、子どもに会う機会が少ない。このことも、SCの有利な点となる。それは、変化に気づきやすいからである。毎日会っている人の変化は気づきにくいものだが、1〜2か月して会うと、成長や変化に気づくのである。特に、中学生の場合、発達が急速で、顔つき、体つきから違ってくる。後述のブリーフカウンセリングでは、小さな変化（改善）を見逃さないよう気を配る。改善の方向に一歩を進み出せば、2歩目、3歩目と続いていく可能性がある。そこで、最初の一歩を重視するのである。「成長したなあ」という実感を持ち、ごく率直に生徒に伝えることができる。これは、発達を援助するという立場からすると有利なのである。俗に、他人の子どもの成長は早いなどと言われている。毎日顔を合わせている我が子の成長は気づきにくいが、たまに会う親戚の子などは、急速に成長したように見える。これは、観察機会の制約が原因であることは言うまでもない。

　カウンセリングでは、他人どうしの二人が定期的に出会って話し合う。もともと、不自然な人間関係である。しかし、その不自然な関係性をいかに利用するか。これがカウンセラーの腕のみせどころでもある。

(3) 学校の肩を持つ必要がない

　第三に、外部から学校にはいるSCは、不登校の生徒に「学校に来なさい」と言わなくていい立場にある。SCを送り出す側は、不登校への対策としてSCを位置づけている。よって、本音では、不登校の子がSCの援助で登校できるようになることを期待している。また、いわゆる「学校に適応できない生徒」という見方から、教師も多少無理をしてでも生徒を学校に来させたいと思う。

　しかし、明らかに、今日の学校は児童生徒からみて適応しにくい場になっている。学校が生徒に対して適応できていないとも言えるのである。現代社会は多様化した価値観と生活様式を持つ人々で構成されている。学校という

場になじめない子が一定の比率で出てくることは、避けようがない。SCは決して「学校の回し者」という立場をとらなくても構わない。「無理をするな」というメッセージを出せる。一方、教師は「学校はいい所だ。来るべき所だ」という立場を取るか、あるいは口では無理をするなと言っても、やはり何とか学校に来てほしいという本音を隠している場合が多い。

また、内容によっては、学校の先生には言えないこともSCには言える場合がある。例えば、先生に対するさまざまな思いや学校への不満などである。逆に、SCを完全に各校に常駐させてしまえば、このような外部者ならではの有利さが失われてしまうであろう。

おわりに

スクールカウンセラーという制度、その実態や特徴などについて述べてきた。以下、理論的な動向と、大学の教員が地域に対してできることを整理して、本章のまとめとしたい。

現在、カウンセリングや心理療法の理論は、100種類以上あるとも言われている。多くの理論や技法が提唱され、いろいろな形で実践されている。そのうち、代表的なカウンセリングの理論として、来談者中心療法（現在はパーソンセンタード・アプローチとよばれる）がある。また、精神分析や、行動療法の立場、認知行動療法など、多くの理論があり、実践がある。多くは精神治療モデルであり、学校で使うために特に開発されたものではない。

個々のSCが、すべての理論や技法に精通しているわけではない。カウンセラーごとに、得意とする分野がいくつかある。特定の理論・技法にかたよっているとも言える。

最近の動きとして、ブリーフセラピー[7]とよばれる理論も注目されている。比較的短期間で効果を上げようとするものである。その中でも特に、解決志向アプローチ（デュラン、1998；マーフィーとダンカン、1999ほか）は、従来とはかなり異なった理論である。

従来のふつうの理論では、問題に直接焦点を当て、その生じた原因を追求しがちである。そして、原因を除去しようとするのである。一方、解決志向

アプローチでは、問題そのものを直接扱わない。問題の例外やリソース（うまくいっている所）に焦点を当てて、解決を直接作り上げていくのである。例外とは、宿題をよく忘れてくる生徒がたまたまちゃんとやってきた時とか、授業で騒ぐ生徒が静かに先生の話を聞ける時などである。筆者はSC活動において、この理論を重視している。学校でのカウンセリングにおいては、今後有望であろうと考えている。というのは、次のような特徴を、解決志向アプローチは備えているからである。

① 短期間で、あるいは1回か数回程度の面接でも、意味のある変化は生じうると考えていること。同じ人に会えるのは数回どまり（あるいは1回限り）とみなしておくべきである。巡回型のSCの場合は、特にそうであろう。学校のように忙しい場では、従来のようなやり方が通用しない面がある。

② プライバシーに深入りせずにできるため、説明責任の観点からのトラブルを予防しやすいこと[8]。

③ 原理が単純であり、長期間の研修を積んでいないカウンセラーや教師でも、比較的安全に、気軽に利用しやすいこと。

④ カウンセリングに乗り気でない生徒にも使えること。

解決志向アプローチの学校での適用について紹介することは、本稿の主旨ではない。詳しくは、宇田（1999）、デュラン（1998）、スクレア（2000）ほかを参照されたい。

今後のスクールカウンセリングには、学校向けのモデルが必要である。病院から借りてきた「治療的」なカウンセリングだけではなく、「開発的」、「予防的」なカウンセリングのモデルが求められるのである。例えば、グループ・エンカウンターやいじめ防止プログラム、ピアサポートなど、集団に対する働きかけができる力も、SCには要求されてくるだろう。

巡回型SC制度の運用上、留意すべき点がある。一人のSCによる負担の限界を超えるおそれが高いことである。特定校に常駐する場合は、ケース負

担はその校内の特定の数だけに限定される。しかし、巡回型の制度の場合、各校にケースを持つことになる。面接ののべ回数は同じでも、実人数が多くなれば、SCの対応もより困難になる。すべての状況を把握して適切な対処をすることは、至難の業となってしまう。同じような話を多数の人から聞くので、きちんとメモを取っておかないと、区別がつかなくなってしまうのである。

　大学教師が地域に貢献できることはすばらしい。研究室にこもってばかりでは、実際的な研究をすることは難しいし、教育心理学の研究は、最終的には学校現場で役立つことが期待される。しかし、現実には研究と実践との溝は決して小さくない。大変なようでも、やはり現場に積極的にでていくことが、結局研究の幅を広げてくれるものだというのが、筆者の実感である。

　本章の初めに、「大学教員だからこそできる地域への貢献とは何だろう」、という問いを掲げた。現場でよく勉強している先生方とお話させていただくと、大学教員だからこそ、という何かを自分が本当に持っているのか、わからない。むしろ、ブリーフカウンセリングの指針の一つである「クライエントに教えていただく」姿勢[9]を忘れないことこそが、じつは最もお役に立てるコツなのかもしれない。

　現場にでかけるデメリットとしては、負担の問題がある。第一に、益々忙しくなるということである。大学での1週間の職務スケジュールには、講義や研究活動、会議などへの出席、学会や講演のための出張など、びっしりと予定が入っている。筆者の場合は、大学のカウンセリングセンターの方でも、学生相談を担当している。さらに毎週半日をSC活動で学外で過ごすのは、日程的にも楽ではない。

　第二に、カウンセリングというのは、精神的な疲労のたまる職務である。負担感は決して小さくない。相談内容も様々であり一概には言えないが、深刻な相談の場合はSCのほうも非常につらいものなのである。教師の「燃え尽き症候群」が社会問題になって久しい。同様に今後は、カウンセラーの燃え尽きが問題になってくる。SCの職務負担を見守っている必要があろう。

　むろん、その反面カウンセリングをやっていて良かったと思う瞬間もある。

人間は短期間でずいぶん変わるものである。非行や成績不振で困っていた生徒の立ち直り。不登校の子を抱えて途方に暮れていた親の、落ち着いた表情……。こうした人々の苦悩に立ち会い、援助する。カウンセリングは、手応えを感じることが出来る価値ある仕事だと言える。大いに人生勉強させていただいているのである。

注

1）認定協会は、正式には、「日本臨床心理士資格認定協会」。文部科学省が財団法人として認可している。臨床心理士の数は現在、7000名を越えている。しかし、中学校だけに限っても全国には1万校以上存在している。全国の学校すべてにSCを常駐させようとすれば、有資格者の何倍もの人数が必要となってしまう。一方、「相談教諭」という専門の教員免許状を新設する案もある。

2）学校心理士の場合はむしろ、主に大学院を修了して専修免許状を持っている教師が取る資格という形をねらっているようである。有資格者候補の教師は、数が膨大であるから、今後急速に拡大する可能性を秘めている。筆者自身も、学校心理士の資格を所有している。

3）事務手続き上、「出張願い」を毎回提出するよう求められてしまった。SCの勤務は年間35回だから、出張届けと報告書とを合わせると70回出すことになる。さすがにこれは煩雑すぎるので、特別に学期ごとの書類申請で許していただくことになった。

4）臨床心理士を中心とするSCとは違って、「心の教室相談員」には学生や教職員OBなどの人材を活用している。この中学校の場合では、教育学部で教育心理学を専攻する大学4年生が、週に数回ずつ通っている。専門的な面接を行うわけではなく、子どもたちの話し相手になり、ストレスを和らげるという役割を期待されている。

5）生徒にふだん静かにするように注意している教師が、平気で騒音をまき散らしている様子は滑稽である。ある時、マイクの前に「今日はスクールカウンセラーの相談日です。緊急の場合以外は放送の使用を控えてください。」という札をかけてもらったら、劇的な効果があった。実に静かな時間を確保できた。結局のところ、放送は無くても何とかなるという証拠ではなかろうか。

6）教師がもっぱら教科指導を担当するアメリカの場合、SCは生徒指導や進路指導の担当者という位置づけをもつ。日本のSCはアメリカのSCと名称は同

じでも、役割が異なる。また、アメリカの学校では、SC の他にも、学校心理学者やスクール・ソーシャルワーカーなど様々な専門職種がある。
7）ブリーフカウンセリングとも、ブリーフセラピーとも呼べる。後者の言い方の方がよく知られている。しかし、セラピー（治療）というと、やはり悪いところを治すことだと考えるのがふつうであろう。学校現場は指導の場であり、治療の場ではない。SC は、成長に焦点を当てた見方を重視する。よって学校で適用する場合は、ブリーフカウンセリングという言い方の方が適切であろう。
8）アカウンタビリティ（説明責任）とは、何らかのサービスを受ける人に、提供する側が、具体的な成果を明らかにするよう求められた時に答える責任を意味する。行政に対して市民が情報公開を迫る動きなどからもわかるように、対価を支払う当然の権利として、情報の提供が求められる。クライエントが、プライバシーにかかわることを語っている時、喜んでそうしているわけではない。そうした犠牲に見合う効果が上がったのかどうかが、問われてくる。また、そうしたプライベートなことを答える必然性が本当にあったのか、と問われるということである。
9）カウンセラーは専門家とみなされるから、「どうしたらいいんでしょう、教えて下さい。」と言われる立場である。しかし、逆説的な見方を重視するブリーフカウンセリングでは、カウンセラーは「クライエントに教えてあげる」という姿勢を避ける。むしろ逆に「クライエントに教えて頂く」構えを重視している。実際、個々人のかかえる問題について、一番よく知っているのは、当の本人なのである。

文献

デュラン、M. 著　市川千秋・宇田　光（編訳）1998　効果的な学校カウンセリング―ブリーフセラピーによるアプローチ　二瓶社（Durrant, M. 1995 Creative Strategies for School Problems. W. W. Norton & Co.）

石隈利紀　1999　学校心理学―教師・スクールカウンセラー・保護者のチームによる心理教育的援助サービス　誠信書房

Linn, R. 2000 Assessments and accountability. Educational Researcher, 29, 2, 4-16.

マーフィー、J. J.・ダンカン、B. J. 著　市川千秋・宇田　光（監訳）1999　学校で役立つブリーフセラピー　金剛出版（Murphy, J.J. and Duncan, B. L. 1997 Brief Intervention for School Problems: Collaborating for Practical Solutions. Guilford Press.)

村山正治　1998　新しいスクールカウンセラー　ナカニシヤ書房

村山正治・山本和郎　1995　スクールカウンセラー　ミネルヴァ書房

日本臨床心理士資格認定協会　2000　臨床心理士になるために（13版）　誠心書房

岡堂哲雄　1998　スクール・カウンセリング　新曜社

スクレア、G.B.　市川千秋・宇田　光（編訳）　2000　ブリーフ学校カウンセリング　二瓶社（Sklare, G.B. 1997 Brief Counseling That Works: A Solution-Focused Approach for School Counselors. Corwin Press.）

宇田　光　1999　不登校生徒における「既に始まっている解決」：解決焦点化アプローチによる取り組み　学校カウンセリング研究　2号　5-11．

宇田　光・有門秀記・市川千秋　1999　ソリューション・フォーカスト・アプローチの学校での適用　松阪大学紀要　17, 53-68．

4章　大学教育改革を巡る歴史と教訓
20世紀前半のドイツにおける高等教育学運動を参考にして

山 元 有 一

はじめに

　ヴァイマル共和国誕生から間もない1919年11月28日、現象学者マックス・シェーラーは「ドイツ大学の内的矛盾」と題する文章を『ヴェストドイチェ・ヴォッヘンシュリフト』に寄稿している。これは2年後の1921年に民衆大学と大学との関係を取り扱った部分を追加して『国民教育制度の社会学』に収められることになるが、この共通する文章の中でシェーラーは当時の大学教育の状況について次のように述べている。「研究者は……知的財産の伝達を重荷と感じている。彼らは自分が研究者であろうとすればするだけ、二重の生を営むことになる。……彼らの愛情は研究に注がれているために、いくらかの精神的刺激を受けるためなら知的財産を伝達することであろう。つまり、彼らが知的財産の伝達の教育方法を考え抜くことにはほとんど関心がないのである。……彼らは、多くの書物の中で取り上げられ、学生たちが全く講義を聴くことなく自宅で学習したり読書で十分に復習したりすることのできる内容を、高みにある教壇から講義している」[1]。ドイツの大学に特徴的なフンボルト的理念、すなわち「教育と研究の統一」は、シェーラーのこの文章に表されているように、20世紀初頭には既に仮象となっていた。そして、これが現代の大学一般にとっての問題でもあることは、学生であれ大学教師であれ、当事者であれば否定し得ないであろう。ところで、当時のドイツでは、こうした共通の問題認識から高等教育機関において多様な改革の試みがなされていた。19世紀末からの動きも踏まえれば、女子学生の受け入れ、中等教育機関における大学入学資格授与権の拡大、商科大学や工科大学など

の新種の高等教育機関（Hochschule）の登場及びそれらと大学との同権化（1899年）、学生過剰に対処する大学新設（Universitätsgründung）の試みなどが挙げられよう。特に最後のものは、ゼンケンベルク基金によって創設されたフランクフルト大学が代表的であるように、国家の仲立ちによらない形式によっている点でも新しいものであった。同大学は、もちろん、大学の自治が犯されることはなかったが、基金者が参加し市長が議長を務める監督委員会のもとに置かれていた。一方、やはり国家だけでなく民間の参加によったカイザー・ヴィルヘルム研究所の創設も新しい動きとして理解することができる。それは学生教育の義務から解かれ研究のみに集中する組織であり、一部、民間基金による創設という点では新設大学の場合と同様に、アメリカ合衆国に範を求めたものであった。また、ドイツ青年運動が持っていた新しい傾向、つまり「下からの教育要求」の一般的に普及した形態に応じて誕生した民衆大学（Volkshochschule）も挙げることができよう。民衆大学は、これまで教養市民層が大衆のために下へ向けてでたらめに落としていた「パンくず」[2]に代わって、この階層の硬直と衰退という時代背景を持ちつつ「人間教育そのものを求める大衆自身から自発的に発生した運動」[3]の結果であった。ドイツでは1916年までに既に5校、1919年の135校を頂点として1920年代までに合計で215校の夜間民衆大学（Abendvolkshochschule）が、また57校の民衆大学施設（Volkshochschulheim）が開設されている[4]。さらに、これまで大学で行われていた職業養成の範囲内で、数学及び自然科学を専門とする教員志願者に対して通算で3学期までの工科大学における学習を認めたり、それとは別個に、初等教育機関の教員の継続教育を行ったりするなどの試みも既になされていた。こうした一連の動きは当時から既に「大学拡張（Universitätsausdehnung/university extension）」と呼ばれる運動としても位置づけられていたものであった。これらを対象とした研究は既に数多くなされているので、これ以上の説明は要しないであろう。

　しかしながら、様々な観点から取り上げられているこうした運動の中でこれまでほとんど取り扱われてこなかったものがある。それは「高等教育学運動（Die hochschulpädagogische Bewegung）」[5]と呼ばれるものであり、

1898年から1934年まで様々な大学人を巻き込んで展開されたものであった。ところが、この運動やこの主導者たちは同時代の著作、例えば、ヘルマン・ノールの古典的名著『ドイツにおける教育運動とその理論』(1935年)においても、全く取り上げられる機会を与えられておらず、またクリスタ・ベルクの編集になる『ドイツ教育史ハントブーフ』第4巻(1991年)でも同様である。また、事情はわが国でも同様で、20世紀初頭のドイツにおけるこの画期的な運動が取り上げられた様子はない[6]。そこで本稿ではこの忘れ去られた運動を、大学教育を対象とする本書の意図に合わせて取り上げ、その成立と展開を紹介するとともに、当時の大学人のこの運動に対する対応姿勢を考察したい。まず、当時のドイツの大学状況をごく簡潔に見ることから始め、次いでこの運動の唯一の中心的人物であったとも言える孤高の先駆者ハンス・シュミットクンツ(Hans Schmidkunz, 1863—1934)、彼と同じ時期から大学教育についての提言を行っていた歴史学者エルンスト・ベルンハイム(Ernst Bernheim, 1850—1942)らの見解とその具体的な運動を展開した高等教育学同盟(Verband für Hochschulpädagogik)及び高等教育学協会(Gesellschaft für Hochschulpädagogik)の状況について、彼らの発言やフォン・クヴァイスの論文[7]などに依拠しながら概説する。続く節では、彼らの構想に最も強固に反対したフリードリヒ・パウルゼン(Friedrich Paulsen, 1846—1908)と彼の弟子、エドゥアルト・シュプランガー(Eduard Spranger, 1882—1963)を事例として、高等教育学がドイツの大学でいかなる問題意識を引き起こしたかに考察を加えることとする。高等教育学を取り扱うことは、現在の大学問題を直接あるいは間接に照らし出すことになるであろうし、結果として「大学とは何か」という問いかけへと導くであろう。

【 I 】

　19世紀から20世紀転換期のドイツの大学事情は、様々な変化の中で語られねばならない。それまで大学は実用的功利的知識や職業上の知識を排除し精神的高さを自負する教養市民層の再生産の場、予備学校(Vorschule)から

ギュムナジウムを経て入り込む「精神的同族交配」[8]ための最終の場であり、商工業層をほぼ完全に閉め出した閉鎖的な空間であった。この階層の職業は、ギュムナジウム教師、法律家、国家官吏など国家試験を必要とするものであったが、大学教師はそうした教養ある職業人を生み出す国家官吏、つまり教養人を産む教養人という意味で「エリートの中のエリート」であった。1882年を例にとっても、教養市民層は職業全体の中で5％から7％を占めるにすぎなかったにもかかわらず、その内部から50％ないしは60％も大学教師を輩出しており、この階層に出自を持つ大学教師は1920年代になっても多少低下する程度であまり変化は見られない[9]。しかしながら、1890年以降「次第に浸透するに至った産業的階層社会で資本力を持った大資産層による古い教養層の部分的解体」[10]は下級官吏や初等教員、商人や工場経営者などの経済層に出自を持つ者が大学教師となる機会を与えつつあった。一方、工科大学（大学的形態としては1865年、名称だけで誕生と見るなら1885年）や獣医大学（1887年）、商科大学（1898年）など、大学とは区別される高等教育機関が新たに生まれその数を増やし、教育体制にも大きな変化を及ぼしている。表1は1864年から1910年までのドイツにおける高等教育機関の教員体制の変化を示したものである[11]。20世紀に入る前後では、教員数がおよそ2倍になっている。とりわけ著しい変化が見られるのは、医学部、哲学部に属する専門領域であるが、ここで注意したいのは、教員数全体の変化に対して正教授がさほど増加していないことである。員外教授や私講師といった正教授以外のメンバーが非常に多かったことになるが、大学内部のヒエラルヒーが難く守られていたこと、若手の無給講師である私講師たちが生活の糧を得ることが難しかったことが分かる。というのも、彼らは学生が支払う聴講料のみが大学での収入源だったからである。しかも聴講料は、1882年より大学担当官、第一教育局長を歴任し1907年まで大学政策において国家の影響力を非常に高めたフリードリヒ・アルトホーフの提案に完全に添ったものではなかったが、将来的にある上限（ベルリンでは4,500マルク、その他では3,000マルク）を越えた分の半分を大学の自治のために転用するという規定によって国家管理化されることとなったから、このような状況は正教授以外の大学のメンバー

4章　大学教育改革を巡る歴史と教訓　141

（表1）1864年から1910年までの専門領域別大学教員数

	1864年		1890年		1910年		
	全体	正教授	全体	正教授	全体	大学のみ	正教授
プロテスタント神学	134	81	148	102	200	200	120
カトリック神学	58	43	71	50	100	100	60
法学	192	116	215	145	298	279	155
医学	340	136	619	198	1095	1076	245
精神科学	422	179	649	282	1051	920	352
古典文献学	68	43	85	56	109	109	62
ドイツ文献学	34	14	62	24	87	76	30
哲学・心理学・教育学	87	39	94	47	145	134	49
歴史学	73	37	127	62	185	174	76
自然科学	263	135	506	204	1076	727	241
経済学	36	23	51	29	106	77	36
社会諸学	2	2	3	2	21	17	3
獣医学・農学・森林学	19	7	59	22	137	69	23
工学	4	1	2	1	357	10	1
計	1470	723	2323	1035	4441	3475	1236

である私講師や員外教授にかなりな心理的負担を強いていた。しかも、彼らは学部の自治へ参加することからも締め出されていた。人員配置にしても総長や学部長の選挙にしても何ら影響力を行使できなかったのである。こうして鬱積した不満は、例えば、自らにふさわしい職務遂行への関与を価値と得ようとする運動となり、1909年の「プロイセン員外教授同盟」や1910年の「ドイツ私講師同盟」、そして両同盟の統合による「ドイツ非正教授カルテル」へと発展していく。しかし、こうした動きは諸学部の内的性格を変えてしまうという点で、一部には危機と感じられていた。例えば、ルドルフ・レーマンは「大規模な大学では既に正教授の数が非常に増えており、彼らが内的な学問組織の問題に関係する限り、共通の関心と共通の職務実行について

問題とすることはもはや不可能になっている。……もし員外教授と私講師という2つのカテゴリーがさらに加わることになれば、少なくとも哲学部は……小さな議会の様相を呈するだろう。もし実際の専門的な問題について様々な種類の利害によって導かれる会議が議決をしていくなら、必然的にあらゆる欠点が吹き出してくるだろう。……こうして哲学部は……種々雑多な〈デパート〉へと解体してしまうだろう」と述べている[12]。

　また、アルトホーフ体制のもと、ドイツの大学は確実に国家からの干渉を受けてその自治が脅かされていた。制度上の一例として挙げられるのは、1898年の私講師法であろう。ドイツに特有の形式であった私講師は「教授の自由」によって学問上の競争と進展を期待し得る存在であった。しかしこの法律によって、国家にとって危険とされる思想を講義する者が除外されたり政治的あるいは宗教的信条が教員人事を左右したりする可能性が現れたばかりか、学部の自由裁量の権利も国家に奪われることとなった。また、学部推薦者の中から文部大臣が大学教師を任免するという従来の招聘方式も、法的な保障がなかったこともあって、アルトホーフ体制においてはたびたび無視されることとなる。このことは大学教師がますます官僚化されていくことも意味していた。こうした傾向に対して、1907年にはドイツ大学教師会議 (Deutscher Hochschullehrertag) が開催されている。これは、ルヨ・ブレンターノやヴェルナー・ゾンバルトらの作成した招請状によって発足したものであり、ドイツ、オーストリア、スイスのドイツ語圏の大学教師1,000人程度、つまり、20%程度の賛同を得ている。この会議は1907年以降、ザルツブルク、イエナ、ライプツィヒ、ドレスデンと毎年開催され、大学の自治を守ること、したがって国家権力からの自由が通奏低音となっていた。1907年7月の招請状では次のように言われている。「大学が国家的官僚の系列に編入されたことによって、その歴史的性格も、きびしい損失を被った。……このような状況は、教師に対する信頼感を強めるのに寄与し得ない……」[13]。第1回会議は「大学の後継者問題」をテーマとして報告、討議を行い、大学における正教授ヒエラルヒー、大学に持ち込まれた官僚制的支配の構図を批判して、既に触れた非正教授運動に根拠を与えている。第2回や第3回会議

の討議の中心は「教授の自由」で、学部の意向を無視して行われた教員人事に対して批判がなされるとともに、政治的信条や宗教的信条と教員人事が国家レヴェルや大学レヴェルでいかにあるべきかが話し合われている。第2回会議の席上での「大学教師の信条嗅ぎをするような者は、ゴロツキだ！」というマックス・ヴェーバーの発言はよく知られるところである。また、第4回会議では「アメリカとドイツの大学制度の比較」も報告、討議内容となっている。ドイツ大学教師会議は、大学教師の政治的社会的アンガジュマンの高まりを示すものとして、この時代の象徴的な運動であった。

　大学教師が以上のような状態であった一方で、学生数は1860年以降、人口増加以上のスピードで増え続けていた[14]。各大学における学生数の推移を示したのが、表2である[15]が、平均で1860年から1890年にかけて約2.1倍、1890年から1910年にかけて約1.9倍の増加を示している。後者は前者よりも10年ほど短い間に同じ増加率に達していたのであるから、学生過剰が加速度的であったことが分かるであろう。ベルリン、ミュンヘン、ライプツィヒの大規模大学は全大学と比較しても高い学生増加率であり、平均を超えている。また、後に高等教育学協会のメンバーを多く抱えることとなるミュンスター大学は、1910年までの20年間でおよそ5.2倍に膨れ上がっている。表1と関連づけてみれば、全大学教師一人あたりの学生数は、1864年で9.3人、1890年では12.1人、1910年では12.0人とさほど変化していない。しかしながら、先に示したように、大学は正教授を中心とする組織であったから、それだけに絞ってみると、正教授一人当たりの学生数は、1864年で18.9人、1890年で27.4人、1910年で43.2人と確実に負担増となっており、教育環境としては悪化し続けていたと言えるであろう。しかも、学生のほとんどは研究者を志すのでなく、医師、法曹、技術者、中等教員、聖職者などの職業に就くのが普通であり、それらに対しては受験資格としてゼミナールの受講が義務づけられていた。例えば、1897年には司法試験規定改正により受験資格として3つ以上のゼミナール参加が義務づけられ、多くの学生が押しかけている。20世紀に入ると200名を越えるような巨大化したゼミナールも登場している。こうしたマンモス化したゼミナールでの指導は週1回2時間を複数回設けるこ

(表2) 1864年から1910年までの各大学別の学生数推移

大学名	1864/65年 (A)	B/A	1890/91年 (B)	C/B	1910/11年 (C)	C/A
ベルリン	2,150	2.5	5,306	1.7	9,178	4.3
ミュンヘン	1,234	2.7	3,382	2.0	6,905	5.6
ライプツィヒ	982	3.5	3,458	1.4	4,900	5.0
ボン	931	1.3	1,217	3.0	3,634	3.9
ブレスラウ	990	1.2	1,201	2.0	2,402	2.4
フライブルク	337	2.8	931	2.4	2,246	6.7
ゲッティンゲン	682	1.3	895	2.5	2,226	3.3
ハレ	796	1.9	1,532	1.5	2,226	2.6
シュトラースブルク	―	―	947	2.2	2,067	―
ハイデルベルク	767	1.3	970	2.1	2,008	2.6
ミュンスター	571	0.7	381	5.2	1,995	3.5
マールブルク	254	3.2	823	2.3	1,873	7.4
トゥービンゲン	804	1.5	1,235	1.4	1,752	2.2
イエナ	506	1.2	604	2.7	1,637	3.2
キール	197	2.5	493	3.0	1,487	7.5
ヴュルツブルク	604	2.6	1,544	0.9	1,425	2.4
ケーニヒスベルク	453	1.5	672	2.0	1,363	3.0
ギーセン	373	1.5	549	2.3	1,243	3.3
エアランゲン	478	2.2	1,054	1.0	1,011	2.1
グライフスヴァルト	358	2.1	762	1.2	918	2.6
ロストック	137	2.7	371	2.2	816	6.0
ブラウンスベルク	38	0.8	32	1.2	39	1.0
総計	13,642	2.1	28,359	1.9	53,351	3.9

とで対応しようとしていたから、大学教師の教育負担が大きかったことが容易に予想できる[16]。当初、大学教師と学生との共同研究の場、「学的研究の連続性を元来担うもの」[17]であり、議論や論争によって「講義で与えられた内容をさらに深く理解し、疑問を解決していくこと」[18]を課題としていたゼミナール、いわばドイツの大学の心臓は、大学教師の学的関心とは裏腹に、明らかに機能不全に陥っていた。こうした学生の資格志向やキャリア志向は、学期末試験もなく成績もなく「自学」の場として大学教師に理解されていた大学を、専門学校化する結果となる。シェーラーは後にこう述べている、「大学は……全くウニヴェルシタスでなくなっており、むしろ専門学校の総計となっているが、にもかかわらず、大学はそうあろうとは望まず、研究者による研究者の教育の場であろうとしている」[19]。さらに、19世紀を通じて急速に進展した学問の細分化が、そうした専門学校化に拍車をかけていた。このように20世紀初頭におけるドイツの大学の状況は、大学と一般生活との間にあった溝が明らかに目に見えて僅かなものとなっていた一方で、学生増加がもたらした大衆化、民主化、資格志向化、一般教養と職業養成の関係逆転などによって、もはや学問においても、また学生と教師の共同体においても、大学（Universität）の一体性が危機に晒されるほどの変質を被っていたのであった。その意味で、20世紀の最初の年に、ほとんど全ての哲学部がドクター試験の必修主要科目として哲学試験を断念するに至ったこと[20]は、非常に象徴的な出来事であった。一般陶冶は既に学生にとって職業学習とは無関係と思われただけでなく、エビングハウスが中等教員のための教職試験から哲学を排除し代わりに心理学を置こうとしたことに典型的に現れているように、学問内部でも「一定の歴史的に刻印された価値に対する全体的人間の価値判断や決意なしには不可能な」[21]教養は、当時の大学における実証主義的傾向あるいは価値中立の傾向との緊張関係の中で揺らいでいた。

　こうした変化に直面しながらも、学生の教育という点では、教養市民層の最後の砦に住む大学教師の大部分は旧態然たる姿勢をとり続けた。大学教師は、研究者になろうとしているのでない学生たちを依然として「小さな研究者」[22]として教育していた。しかも、彼らは優れた研究者ではあっても、必

ずしも有能な教師とは言えなかった。例えば、物理学者マックス・プランクは自ら受講した講義を退屈で単調で利益がなかったと述べたが、その彼もまた講義をする立場に立つと学生を失望させている[23]。そうした状況は、本書の別章で学生たちが大学教師について記述していたものとよく一致していると言ってよいだろう。ドイツの大学教育が「孤独」のうちになされること、自ら学ぶことによってしか学び得ないと深く確信すること、大学の状況が非常に変化しつつあった中でも、大学教師は依然として、こうした研究による教育というあり方を改めようとしなかった。

　ところで、こうした大学の状況一般に対する反省として生まれてきたものの一つが、高等教育学運動であった。それでは次節では、この運動の経過とそこで主張された内容、そしてその具体的な現れとしての2つの組織について触れていきたい。

【 II 】

　高等教育学運動はエルンスト・ベルンハイムとハンス・シュミットクンツの2人によって担われていたと規定したとしても言いすぎではない。彼らは同時期に高等教育の改善を求めたが、その運動の終結をやむを得ず決定したのもこの2人であった。さて、上述した状況下でグライフスヴァルト大学歴史学教授ベルンハイムが批判の目を向けたのは、何よりも講義（Vorlesung）であった。「大学教育と現代の要求」（1898年）の中で彼はそれに対して現代でもたびたび言われる有罪判決を下している。彼にとって、聴いたことを書き写させることに終始し自宅での復習もめったになされない全く受動的な講義、しかも学問の革新と分化により増え続ける講義は、学生を窒息させるものであった。彼はそうした講義の受動性を打破しようとして、教育活動の徹底的な改革を求めている。その際の重点は文献の自発的利用と自発的学習形態、つまり講読と演習（Lektüre und seminarische Arbeit）への移行であり、それに応じて講義を削減することであった。いくぶん主張は後退したものの、彼は1899年と1901年にも大学教育に関する文章を、それぞれ「ドイツ大学の危機的状況」、「歴史学学習計画草案」と題して発表してい

る[24]。

　このようにベルンハイムが講義批判を繰り広げたのと同じ時期に、高等教育学運動の将来的展望を与えたのが、ハンス・シュミットクンツである。既に1897年に彼は大学での教育技術（pädagogische Kunst）の不純さを改善するための高等教育学講座開設とそのゼミナールの提案によって、その運動の口火を切っていた。こうした大学教育に対する疑問の声が高まる中、シュミットクンツは同士らとともに1898年、「高等教育学同盟（Verband für Hochschulpädagogik）」を結成する。その同盟の目標は1900年7月に公にされた文章の中で示されている[25]。その内容は高等教育学の開講を前提として、その目的を理論的部分と実践的部分に分けて論じられている。理論的目標としては、教育、教授、学校の制度を、特に大学での教育方法を歴史的に研究し、大学及び大学教育を対象とする教育学を体系的なものとして、高等教育機関の現状の不完全さを批判していくことが掲げられている。他方、実践的には、全高等教育機関において大学での教育方法を専門に取り合う科目が承認されること、その学問の観点に従った試験制度や資格制度が設けられること、つまり、学術上の証明である教授資格論文と同時に教育上の資格を獲得しておくべきこと、様々な場において大学教師の教育方法に関する継続教育がなされること、高等教育機関において双方向による（konversatorisch）教育が実現するよう講義を縮小すること、高等教育学ゼミナールの開設によって大学教師の教育意識を覚醒することなどが目標とされている。そして、そのために全ての大学人が結集することが強調された。こうした目標を実現するために、高等教育学宣言とも言えるこのアピールでは、大学教育方法に関する散逸状態にある文献を収集する専門図書館の設立や専門雑誌の編集、講演や集会などの活動などを現実的目標としている。つまり大学教育に対する批判的な問題意識をさらに覚醒していくことがさしあたり中心的な活動であった。

　また、シュミットクンツの「高等教育学同盟」の目標が提示された年には、天文学者のヴィルヘルム・フェルスター（Wilhelm Foerster）がその宣言の主旨ときわめて類似した提案を行っている。これは同年、それが記載され

た同じ雑誌でパウルゼンによって批判されたものであるので、ここで先んじて提案部分を引用しておこう。フェルスターが緊急課題として定式化したのは次の3点であった。すなわち、「第一に、ドイツ国内ないしは国外の高等教育機関の教育や教育制度がいかに発展したかを包括的歴史的に研究し、論述すること。第二に、あらゆる国々の高等教育機関に見られる現状と現象を批判的に考察すること。第三に、大学で認められるべき教育学に関して、体系的な予備作業を行うこと」[26]であった。フェルスターの提案は、基本的に理論的な部分に限られており、大学教育の教育学を作り出すために、その対象領域、方法を求めようとしたものであった。第3の予備作業も、まず大学教師になろうとする学生に対して、そしてやがて大学で教鞭をとる者に対して高等教育学についての知識を獲得させるための予備教育であり、つまりゼミナールの開設を意味しているので、これもやはり学問の理論的形成の一部含むものと考えてよい。というのも、学生に向けて高等教育学が教えられるとすれば、明らかに高等教育学者の再生産につながるものだからである。ただ、新米大学教師の予備教育としてのゼミナールは、すべての新米教師が高等教育学者であるはずはないから、大学の現状改善から要請されてきたものであると言える。

　しかし、単なる現実の必要を越えたこのような理論的課題には、一方では高等教育学が学として認められるべき根拠を必要とした。これに対して高等教育学を目論む者たちは共通して、次の点をあげている。すなわち、初等教育のための教育学、中等教育のための教育学、また幼稚園のための教育学が既に自明のものとして存在しているのであるから、高等教育機関である大学に対しても、そうした教育学に対応するものが求められてよいはずである、というものがそれである。また、このような発想には同時に、「学問自体の方法を用いたとしても、その学問を教授する方法は与えられはしないとする確信」[27]も付随している。つまり、ある学問の研究とその内容の教育は別物であって、その学問それ自体から教育方法は導き出すことはできない、それを行うのが高等教育学として規定されていた。

　ところで、高等教育学同盟は1910年1月1日に「高等教育学協会（Gesellschaft für Hochschulpädagogik)」へと名称変更されるが、その後の8年間に合計79回の講演や討議を行い、同時に『高等教育学誌』(Zeitschrift für Hochschulpädagogik) を1920年始めまで季刊誌として公にするなど、宣言において求められた事柄を具体化している。毎年1回開催される協会の集会では、その組織立てを事務局長シュミットクンツが主導するかたわら、ベルリン大学法学教授フランツ・フォン・リスト、ベルンハイム、ライプツィヒ大学歴史学教授カール・ランプレヒトなどが名誉議長や第一、第二議長を務め、協会の事務や雑誌の編集ではその全てをシュミットクンツが担当した。また既に名称変更以前でも活動は盛んに行われており、それは、1909年には下院議員枢密顧問であったフランツ・フォン・リストが、大学予算に関して高等教育学の講座開設を強く求め、プロイセン下院議会での審議事項となっていることに象徴的に現れている。また、自然科学的な方法論を歴史学の領域に持ち込もうとしたランプレヒトも、重要な役割を演じていた。彼は、1910年の第3回大学教師会議の席上で当時の講義の行き詰まりをゼミナールへ学生の学的志向が移行した結果と見て、大講義からゼミナールでの少人数教育へと転換し、既に自然科学の研究所で採用されていたのと同種の助手を育成し教育にあたらせることによって教育効率を上げるべきとする自説、つまり既に彼が助手を登用して演習を行っていた「文化史普遍史研究所」(Institut für Kultur- und Universalgeschichte) の方式を提案している。そして、協会の活動内容を見る限り、中心的位置を占めていたと十分に考えられるシュミットクンツも、1907年に『高等教育学序説』を公刊したほか、『高等教育学誌』が出されるまでは、『教育学アルヒーフ』や『ドイッチェ・シューレ』などに目標や活動状況を再三に渡って執筆した[28]。また、彼の教授活動そのものも高等教育学運動と重なっていた。彼は1885年にドクターを、1889年に教授資格を得た後、1897年から1920年までベルリンで高等教育学同盟及び高等教育学協会に重点を置いた活動を行い、1920年以降グライフスヴァルト大学で哲学教育学の私講師として務め、1922年にはドイツで最初の高等教育学の教鞭をとっている。その後も1932年までほとんど各学期ごとに「高等教育学演習」や「大学教育制度入門」と題して教育活動を行った。そ

して、1929年には同大学の教育学員外教授となっている。こうした状況を見たところでは、「20世紀初頭に高等教育学が急速に成長し、大学世界の有力なサークルで極めて高い関心と支持を得たことは、実際のところ、ハンス・シュミットクンツという人間に負っていると言ってまず間違いなかった」[29]。また、その意味でこの運動は個人の運動という色彩をいくぶん持っていたと言えるであろうし、プロイセンの（つまり、アルトホーフの）教育体制を睨んだ動きの一つとして捉えることもできるかもしれない。

　高等教育学協会の雑誌は学術論文や講演を掲載したほか、新刊紹介や実践報告、活動報告などが収められた最初の部分と事務上の報告の2つからなっていた。一例として、1911年の雑誌第2巻に収められた論文や講演を挙げれば、次のようなものである[30]。

　　　E ・ベルンハイムの講演と論議「大学教育における人格性」
　　　A ・エッカートの講演「神学における大学教育」
　　　P ・シュマンクの講演と論議「学習科目としての歴史の考察」
　　　W ・リーツマン「数学及び自然科学教育委員会と国際数学教育委員会」
　　　C ・マッチョース「工学系学校制度委員会」
　　　Br・マイヤー「高等教育学はギュムナジウムにとっていかなる意義を有するか」
　　　H ・シュミットクンツ「教授の自由と目標設定」など

　こうした内容は大学にのみ限定するのでなく、大学と関連する事項を広く取り上げている点に特徴がある。例えば、協会のメンバーでもあったゲッティンゲン大学の数学者フェリックス・クラインを中心として発足した「国際数学教育委員会」とその下部組織の「数学及び自然科学教育委員会」は、学問的発展に中等教育機関の教員の教授法と関連づけようとしていたが、そうした大学教師による教育技術への配慮や学問的関心の教育実践領域への関連づけをも高等教育学の対象の一つとして捉えられていた。また、ベルンハイムのタイトルが示すように、高等教育学運動に対する批判と対決する論文も掲載されていた。この点については次節で触れることとする。

　ところで、シュプランガーが「根本的に考え通されるべき価値ある問題が

浮上していたのだが、高等教育学協会は第一次世界大戦を切り抜けることはできなかった」[31]と回顧するように、ヴァイマル共和国時代に入ってからの高等教育学協会は衰退の一途を辿る。それは協会雑誌の刊行状況やメンバー状況に典型的に現れている。1920年まで季刊であったものが、それ以後は不定期となり、年に1回から2回の発行となっている。雑誌の寄稿者も激減し、それに呼応してシュミットクンツが執筆に携わる機会が増大する。彼の執筆機会は1920年以前では10％にも満たなかったのに対し、1921年以後では雑誌の執筆者のべ人数約20名のうち半数が彼の筆となっている。また、メンバー数は1913年の391名を頂点として、その後下降し、1915年以後メンバーを詳細に公表することはなかった。1929年では123名にまで落ち込んでいるから、協会の弱体化は明白であった。フォン・クヴァイスが記述したメンバー数は表3のようである[32]。

（表3）高等教育学協会のメンバー数の推移

年	メンバー数
1911	306
1913	391
1914	325
1915	273
1929	123

こうした弱体化の原因として挙げられるのは、外的には第一次世界大戦勃発による影響、1914年の段階における年会費の2倍引き上げ（5マルクから10マルクへ）、1921年以後ではドイツ国家自体の経済的破綻の影響、指導的立場にあったベルンハイムのグライフスヴァルト大学退職、シュミットクンツが後継者を持たなかったことなどが考えられる。また、内的には次の3つが原因であったと見ることができるだろう。第一に、高等教育学への反対勢力、つまり旧来の大学観を固持する大学人たちの抵抗によりその運動が十分に展開できなかったことであり、これは次節で触れる。第二に、シュミットクンツをも含むベルンハイム派とランプレヒトとの対立関係が協会の活動を狭め、その対外的な指導的役割を失わせたことである。そして、これと関連して高等教育学協会の目標設定が、大学改革というヴァイマル期に沸騰していた問題圏からはずれてしまったことである。1911年10月に協会の第一議長となったカール・ランプレヒトは、大学改革の議論の中で高等教育学協会の発言権が強まることを望ん

でおり、当時非常に高い関心を向けられ数の上でも重要であったドイツ大学教師会議に協会の運動を統合しようとしていた。しかし彼の関心は、1911年の年次集会で彼に次ぐ第二議長を務めていたベルンハイムらとの衝突を引き起こす。おそらく、それにはもう一つの原因、ランプレヒトがシュミットクンツによる協会の独占的管理に異議を唱え、彼の除名を求めていたことも働いていたと思われる。ランプレヒト反対派の主要な根拠は、高等教育学にとって根本的なテーマが大学改革の議論ではなく、その活動領域を大学に講座として求めることであり、ランプレヒトのような大学改革への関与は高等教育学の学的内容を不鮮明にするというところにあった。殊に、このような見解はシュミットクンツに一貫して明瞭であり、彼は、シェーラー、シュプランガー、カール・ハインリヒ・ベッカーらが様々な大学改革論を展開していた1920年に「学的営為における改革と教育学」と題した論文の中でも「単なる大学改革にとって講座は必要ないが、高等教育学についてはそうでない」[33]と従来の意見を繰り返している。1912年の年次集会で、こうした反対意見に押し切られてランプレヒトや「高等教育学運動を一般的な大学改革の議論と内容上で結びつけ、ドイツ大学教師会議に組織的に関わろうとした専門学者のグループは……高等教育学の主導権の中心から締め出されてしまう」[34]ことになり、ランプレヒトが第一議長の役から降りることで決着する。以後、協会は基本的にベルンハイムとシュミットクンツの2人によって運営されていくこととなった。その結果として、大学改革に対する決定的な役割は高等教育学運動から放棄され、『高等教育学誌』の反響も失われていく。それ故、実際に行われた高等教育学運動は、単なる高等教育学講座開設要求運動という非常に狭隘な活動になってしまったと言うことができる。極端な見方をすれば、次のような見方もできるだろう。運動が活発であった1910年代、シュミットクンツはまだ大学での地位を手に入れていなかった。大学改革の議論を高等教育学が引き受けることは、体系的にも大学での位置づけも全くなされていなかった学の成立可能性が失われる危険があっただけでなく、彼自身のアカデミックな名声や招聘も断たれる可能性もあった。それは、ある種エゴイスティックな意図を持った活動にとどまってしまったと見ること

もできるかもしれない。

　しかしながら、運動全体として見れば、メンバー数は減少したとはいえ、ある程度の賛同者を得ていたという事実は、シュミットクンツ個人を越えた意義を高等教育学運動が有していたことを示すものである。実際に高等教育学協会のメンバーであった著名な人物を挙げるだけでも、それが時代として持っていた意味を推し量ることができる。既に触れたベルンハイムやランプレヒト（ともに歴史学）、リスト（法学）、クライン（数学）は当然のことながら、様々な領域に渡るメンバーが存在していた。個々に見ていくと、哲学者でノーベル賞受賞者のルドルフ・オイケン（1846—1926）、人智学の創始者で知られるルドルフ・シュタイナー（1861—1925）、心理学関係ではエルンスト・モイマン（1862—1935）やエドワード・リー・ソーンダイク（1874—1949）、医学では性科学の創始イヴァン・ブロッホ（1872—1922）、「染色体」の名付け親であるヴィルヘルム・フォン・ヴァルトライアー＝ハルツ（1863—1921）、法学ではリストの他に、ヴァイマル共和国議会へ下院議員として参与したグスタフ・ラートブルッフ（1878—1949）、ベルリン工科大学教授でドイツ技師同盟の長でもあったコンラート・マッチョース（1871—1942）、既に触れた提案を行っていたベルリン天文観測所所長のヴィルヘルム・フェルスター（1832—1921）など、現在でもよく知られた名前を門外漢の私でも見い出すことができる。なお、リストのように議員として政治に参加していた人物には、ミュンヘン工科大学の地理学者ジークムント・ギュンター（1848—1923）もいた。また、珍しいところでは、極右の指導者として後にヴァイマル民主主義を転覆しようとしたヴォルフガンク・カップ（1856—1922）もいる。さらに、教育学関係の学者を見渡せば、20世紀前半の実践的、理論的指導者が並んでいることが分かる。例えば1920年代の中心的な教育学雑誌『教育』に深くコミットし、労作教授、職業相談、大学の教師養成に尽力したアロイス・フィッシャー（1860—1937）、ミュンヘン大学で最初の教育学講座を担当し政治的にはプロイセン帝国主義に反対したフリードリヒ・ヴィルヘルム・フェルスター（1869—1966）、ディルタイ学派に属しハレで教鞭をとっていたマックス・フリッシュアイゼン＝ケーラー（1878—

1923)、労作学校運動の主導者ゲオルク・ケルシェンシュタイナー（1854―1932）のほか、ヴィルヘルム・ライン（1847―1929）やオットー・ヴィルマン（1839―1920）などがメンバーとして名を連ねている。

　さらに高等教育学に対する評価は、その運動の一般像をメンバー構成から概観することによっても得ることができる。最も賛同者を多く得た1913年におけるメンバー状況を、フォン・クヴァイスの論文によりながらここに描き出してみたい[35]。先に示したように、1913年時点でのメンバー数は391名であったが、そのうちの約56％にあたる220名がドイツ国内の大学教師または私講師であった。さらに大学人の国外メンバーが60名であったから、メンバー全体に対する大学教育関係者は約72％となる。当時、ドイツの大学で教鞭をとっていた教師（3,448名）との関係で見ると、6.4％が高等教育学協会のメンバーに属していた。1972年ドイツで設立された大学教授学研究会（Arbeitsgemeinschaft für Hochschuldidaktik）のメンバー数の全体との割合が１％前後にすぎないことを考えれば、高等教育学協会が当時、意外に広がりを持っていたことをうかがわせる。

　ところで、19世紀後半以降の全般的な教育環境は前節で知り得たところだが、1913年時点でのドイツの大学環境と高等教育学運動との関連も同時に知るために、ここで主な大学の学生数と教員数を参考としながらメンバーの状況を概観すると、表４のようになる[36]。必ずしも大学教師に学生が平等に配分されていたわけではないが、教師一人あたりの学生数という平均像で見る限りでは、ベルリン、ミュンヘン、ライプツィヒの３つの大規模な大学は教育環境として決して望ましい状態であったとは言えない。こうした事情と大学教育への大学教師自身の関心とは対応しているようである。ライプツィヒ大学では協会メンバーはおよそ５人に１人の割合で存在しており、これが最も高い。しかしながら、ライプツィヒ大学の高等教育学への関心の高さは、単に教育環境から説明できるだけのものでなく、この大学が以前より持っていた傾向にも関連している。ライプツィヒ大学では既に1865年以来、初等教育教員が十分な支持を受けた場合に大学での継続教育を受けることが可能となっていた。また、この大学は1869年以来、教育ゼミナールを、1895年から

4章　大学教育改革を巡る歴史と教訓　155

（表4）高等教育学協会に関連する大学間の比較（1913年）

順位	学生数（名）1911/1912年	教師数（名）1911/1912年	教師一人あたりの学生数（名）	高等教育学協会メンバー（名）	各大学内での協会メンバー率(%)
1	ベルリン（9,120）	ベルリン（509）	ミュンヘン（26.4）	ライプツィヒ（44）	ライプツィヒ（18.7）
2	ミュンヘン（6,797）	ミュンヘン（257）	ミュンスター（22.8）	ミュンヘン（34）	ミュンスター（13.3）
3	ライプツィヒ（5,170）	ライプツィヒ（235）	ライプツィヒ（22.0）	ベルリン（24）	ミュンヘン（13.2）
4	ボン（3,282）	ブレスラウ（192）	ベルリン（17.9）	ミュンスター（12）	ヴュルツブルク（7.8）
5	ブレスラウ（2,608）	ボン（187）	ボン（17.6）	ボン（9）	ハレ（5.1）
6	フライブルク（2,466）	シュトラースブルク（183）	フライブルク（15.5）	ハレ（9）	ボン（4.8）
7	ハレ（2,411）	ハレ（177）	ゲッティンゲン（15.3）	ヴュルツブルク（8）	ベルリン（4.7）
8	ゲッティンゲン（2,399）	ハイデルベルク（173）	ヴュルツブルク（14.3）	ドレスデン工科（8）	ゲッティンゲン（2.5）
9	ハイデルベルク（2,321）	フライブルク（159）	ハレ（13.6）	マールブルク（7）	ハイデルベルク（1.7）
10	シュトラースブルク（2,138）	ゲッティンゲン（157）	ブレスラウ（13.6）	ギーセン（6）	シュトラースブルク（1.1）
11	ミュンスター（2,049）	ヴュルツブルク（102）	ハイデルベルク（13.4）	ゲッティンゲン（4）	ブレスラウ（1.0）
12	マールブルク（1,881）	ミュンスター（90）	シュトラースブルク（11.7）	ハイデルベルク（3）	フライブルク（0.6）
13	ヴュルツブルク（1,458）			ブレスラウ（2）	
14	ギーセン（1,272）			シュトラースブルク（2）	

は教育実践ゼミナール（Praktisch- und pädagogisches Seminar）を有していた。1913年時点でそのような教育実践に関心を向けたものは、他にはエアランゲン大学の教育実習（Pädagogisches Praktikum）があるだけであったから、この意味でも独自性を持っていた[37]。1910年代でも初等教育教員はアビトゥーアを全く必要せず明らかに大学の下位にある初等教員ゼミナールで非エリート的資格を得ていたにすぎなかったから、ライプツィヒ大学の

ような傾向は全般的に保守的な大学の中で民主性を保っていた点で注目すべきことであったと言える。このような教員養成や実践教育に対する態度が高等教育学協会への参加意識を高める背景となっていたことはあり得ることである。さて、表2も参考とすることができるが、学生過剰が教育的関心を高める契機となっている点ではミュンスター大学も同様で、ミュンヘン大学と並んで協会メンバー数に反映されている。反対に、シュトラースブルクなど条件に恵まれている大学は、それだけ関心が薄いようである。注目に値するのは、ヴュルツブルク大学やハレ大学で比較的良好な教育環境であったと言えるにもかかわらず、協会への関与が高い。かなり小規模な大学であったヴュルツブルク大学がそのような態度を示している一方で、圧倒的に大きいがあまりよい教育環境とは言い難いベルリン大学は、状況とは反対に高等教育学への、あるいは大学改革へのまなざしをあまり有していない。次節に見るように、高等教育学への強い反対は既に1900年にこの大学からなされていた。1913年頃でも、ベルリン大学創立100年を迎えた直後であり、フンボルト的大学理念が再確認されている[38]。そうした流れにあったベルリン大学では、例えば、1910年にベルリン大学100年祭での講演「フィヒテの大学計画」の中でアロイス・リールが大学講師ゼミナール（Dozentenseminar）の構想を掲げたとき激しい反対にあっているように、当然のことながら、高等教育学協会への積極的参与の意識は薄かったものと思われる。また、こうしたベルリン大学の特殊性は、先に触れたドイツ大学教師会議に対する反応にも表れている。その会議の招聘にこの大学は全員が参加を拒否している。この会議は大学の官僚制度的なヒエラルヒーを批判しており、したがって、ベルリン大学のこうした態度表明は、当該大学哲学部が必要性のない限り他大学の私講師の教授を認めないとする制限を行っていたのと同様に、独特な排他性や非民主性を有していたことが分かる。ドイツ大学教師会議は、大学の後継者問題や教授の自由、アメリカの大学との比較のような高等教育学運動と類似したテーマを扱っていたから、協会メンバーの少なさとこの会議に対するベルリン大学の完全拒否の姿勢は関連があるとみてよいであろう。なお、こうした傾向はプロイセン全体のそれでもあり、ドイツ大学教師会議の招聘がな

された際、プロイセンでは5つの大学から賛同者を得たにすぎなかった。高等教育学協会のメンバーでも上位の大学はライプツィヒ（ザクセン）、ミュンヘン（バイエルン）、ヴュツブルク（同）などプロイセン以外であり、この点でも同じであった。ところで、ちなみに、協会で主導的な立場にあったベルンハイムが所属し、後にシュミットクンツも教鞭をとるグライフスヴァルト大学の教育条件はよく、1911年以前でも学生数の増加率はかなり低く（表2を参照）、それ以後でも1911年頃1100名、1920年代に入っても一時期を除いて1500名を越えない程度の学生数を保っている。教員数もおそらく100名を少し越える程度であったと推測されるが、協会のメンバーは3名程度であった。これはあまり高いものであるとは言えない。

　他方、高等教育学協会に属する大学教師280名の専門領域及び年齢構成は、フォン・クヴァイスが特定できた範囲内で示したところでは次のようになっ

（表5）高等教育学協会メンバー（大学教師）の専門領域（1913年）

専門研究領域	絶対数	％
精神諸科学（哲学、文献学、教育学、神学、歴史学）	69	36
法学	35	18
自然科学（化学、数学、鉱物学、物理学、地質学、地理学、生物学）	31	16
医学	19	10
建築学	10	5
国家学、経済学	9	5
芸術、音楽	6	3
工学	6	3
国民経済学、経営学	4	2
天文学	2	1
考古学	2	1
体育	1	1
計	194	100

(表6) 高等教育学協会メンバー（大学教師）の年齢構成（1913年）

年齢	絶対数	％
30歳以下	0	0
31歳～40歳	17	12
41歳～50歳	45	31
51歳～60歳	46	32
60歳以上	35	24
計	143	100

ている（表5及び表6）。

　表5、表6から得られる内容は、「おそらくはかなりラディカルな、これまでの関連を全く無視した要求」[39]を掲げることで展開し始めた高等教育学運動が、構成員の状況を見る限りでは、何らかの形で偏移した集団でなかったことを裏づけてくれる。というのも、専門領域で首位を占める精神諸科学は20世紀初頭の哲学部における位置、つまり自然科学者や国家学者、経済学をも含むいわば大所帯における世帯主の意義と意味と明らかに対応関係にあるからであり、当時既に様々に分化し専門化していた自然科学の優位性も表の中に認められるからである。また表5は、工学のような技術に関する学問が当時の大学でまだ一般的な認知を受けていなかったことも十分に示している。同様に、年齢構成においても、高等教育学協会が特殊な集団でなく、大学教師の反発や批判を受けながらも、むしろ当の大学教師集団と同様の質を持っていたことを証明している。当時、大学での職を初めて得るのは平均して40歳を越えていた。それ以前に10年以上の私講師時代という待機期間が待っていた。フォン・クヴァイスが伝えるところでは、法学者で38歳で最も低く、次いで精神科学者の40.8歳、最高が医学者の44.8歳であった[40]。また、ファウレンバッハに従って、研究者であると同時に社会に対する方向づけをも行っていた点で他の精神科学者とは区別される「〈相互に条件づけ合う二重の役割〉を持っていた」[41]歴史学者を、例えば、エルンスト・ベルンハイムがちょうどそれに該当するが、高等教育学運動のような、研究とは別の活

動に力点を置いた大学教師と比較するために持ち出してみれば、「博士論文から教授資格論文を経て大学の講座に招聘されるまでの大学独自の経歴上昇には、だいたい15年から25年という相当に長い年数を必要とした。28歳から30歳で教授資格論文で合格した場合でも、正教授に就任するのは40歳前後であった」[42]から、基本的にはフォン・クヴァイスが伝えるものと同様である。ところで、1910年では185名の歴史学者がドイツの大学で教鞭をとっていたが、そのうち85名が正教授であり、平均的に考えて残りの100名、つまり54％は40歳以下であったと類推できる。一方、高等教育学協会のメンバーで教授資格をもっていながら大学での職を得ていない者、つまり私講師と目される者は55名ほどいた。したがって、協会所属の国内大学教師が220名の25％が私講師であったと考えてよいであろう。高等教育学協会でもやはり正教授のヒエラルヒーが通常の大学よりもいくぶん強く働いていたと見ることができる[43]。ただ、高等教育学協会が当時何ら特別な組織立てを持ったものでなく、むしろ大学教育に関心のある大学教師たちが一様に関与した一般的集団であったことは認められてよいであろう。

　しかしながら、協会の衰退が物語るように、その主要目的、つまりシュミットクンツが求めた高等教育学講座及びゼミナールの開設は、当時の大学教師の激しい反発も招いている。そこで次節では、そのような抵抗の代表として、高等教育学同盟に対して反対を表明したフリードリヒ・パウルゼン、そして高等教育学協会に対して一見曖昧ながらも、確実に反対していたと思われるエドゥアルト・シュプランガーの2人の見解を彼らの講演や文章に即して眺めてみたい。

【 Ⅲ 】

　本稿が知り得た限りでは、パウルゼンは1898年の小論「大学か学校か？」と1900年の小論「高等教育学？」[44]、1902年の『ドイツの大学の大学学習』などの中で高等教育学が提案した課題について批判的に取り扱っている。最初のものはベルンハイムの大学教育改革提案に対する反論である。第二のものは、既に触れたヴィルヘルム・フェルスターの3つの課題要求に対して論

じたものであり、最後のものは内容的に1900年の小論とほぼ一致している。
さて、高等教育学運動が活発化する1900年以後に限定して考察を進めれば、まず「高等教育学？」においては、フェルスターの大学教師の教育養成に一見同意する形で「非常に有能な学者ではあるがよい教師でない者が大学に存在していたこと、そしていまでもそうであることは、しばしば見受けられるし、認めざるを得ないことである。……ドイツの大学でなされている教育がまだ完全でないことも否定するわけでない」[45]と述べ、大学教育の技術を改善する必要性を認めている。また、小論の最後の方でもフェルスターの提案について、大学の課題や形式などを考察した成果は利用できるし、また国外の教育制度歴史的比較研究はドイツに適した方向性を見い出す一助となることを認め、「こういったことは私自身も行っていることである」[46]と言う。したがって、彼はフェルスターが提案した最初の2つに大筋で賛成している。しかし、第三の提案、つまり新米の大学教師（や学生）を指導するためのゼミナールの開設には徹底した反対を表明する。彼がこの点を理解しないということは、高等教育学が大学に学問の講座として設置されることを原則として拒否するということである。そして、パウルゼンのこの小論は、大学教師ゼミナールの拒否による高等教育学の実際的及び実践的不可能性と高等教育学自体の学の理論的不可能性を根拠づけるための文章で満たされている。その際、こうした反対の根拠は、パウルゼンの場合、大学の本質と結びつけて語られている。

　パウルゼンはまず、大学が「ある種自発的な成長を通して」[47]進歩してきたとする。文献学であれ自然科学であれ、学問の巨匠たちが自ら後継者を見い出したり作り出したりして、自律的な拡大を果たしてきた。彼らは、シュミットクンツが述べたように学問研究の方法と学問教授の方法を分離することなく、高等教育学のような理論でなく、研究する「行動によって教え」る「学問のマイスターであると同時に教育のマイスターであるような人物」[48]であった。「私から教えることを学びたいと欲する者は、私がいかに教えているかを眺めやらねばならない。彼がまだ特別な教示を必要と望むのであれば、彼は教育技術の見習いとして私と関わり、私のアシスタントとして私の活動

のもとで教育に関わることができるであろう」[49]。パウルゼンは旧来の大学教育の形式、つまり教師と学生の共同作業による教育を主張することによって、高等教育学なしにも今後も大学が進歩し得ると反駁し、ゼミナール拒否の根拠としている。

　一方、高等教育学がその根拠の一つとして持ち出していた「大学教育のための教育学」は、初等教育学や幼稚園教育学などとのアナロジーであったが、この点についてもパウルゼンは批判している。読み、書き、計算のような基礎的技能や文法、数学の基礎については、確かに知識として定まっている以上は、教師の誰もが一様に身につけ同じ教育効果を得ることができるような方法論的手続きは存在する。しかし、より高次でより精神的な教育内容にそのような方法論は通じない。パウルゼンはこうした一例として、ある作家の解釈、歴史や宗教の取り扱いについて触れているが、高等教育学のように「一般的拘束力を持った方法によって教授を図式化したり機械化したりするならば」[50]、これまで学問かつ教育のマイスターが持っていた大学における教育内容の特殊性やそれを問題とする大学教師の人格性は完全に無視されることになる。大学教育に特徴的なそうした人格性を方法的根拠とするあり方、したがって既に方法とは言い難いものは、「ある一人の教師がある一つの方法によって到達できるもの」[51]であり、高等教育学はそうした大学の個性を平盤化・画一化し自動機械化して、大学を初等教育機関や中等教育機関と変わりのないものとしてしまうと、彼は見ていた。さらにこうした論拠から、大学で取り扱われる対象の特殊性、したがって同時に多様性でもあるような特殊性からして、初等教育ゼミナールやギュムナジウム・ゼミナールのように大学教師ゼミナールを作ることはできないという意見も示されている。大学の専門科目の多様さと対応して、それぞれに教育方法が考察され教育されることになるが、そうした高等教育学のそれぞれに科目を開講するのは現実問題として不可能であるというものである。なお、こうした絶えず繰り返された「大学教育は大学教師の人格に基づくものであって、方法論化し得ない」とする批判に対して、後にベルンハイムは、学術の基礎自体が大きく様変わりしており、そのために大学の教育過程が大学人の教育的個性によって

だけでは調整できなくなっていると反論している[52]。

しかし、こうした高等教育学に対する拒絶の中で、全く別の方向から批判したものが一つある。それは高等教育学の「教育のメタ理論性」の持つ矛盾とも言い得るもので、先に示した学問それ自体が導き出せない教授方法を作り出す高等教育学がまさに一つの学として求められているという点に表されている。つまり、高等教育学の主張に従えば、高等教育学が学である以上それ自体の内容を伝達する方法はその学そのものからは導出できないのであるから、それ故、高等教育学が教育されるためには高等教育学の教育学、さらにそのメタ教育学といったように無限に続くよりほかないという矛盾が避けられないことになる。パウルゼンはこの点を指摘する。高等教育学は「学生たちを学問的に養成することなく、むしろ大学教育の課題へ向けて大学教師を養成することが、その最終的で本質的な課題となるであろう。そして、それは他の大学を越えた基準大学となるであろう。……もし大学教師のための学校が避けられないとするなら、そのとき大学教師ゼミナールにおいて高等教育学を教える教師のための学校が再び必要とならないであろうか。そしてそれは無限に続くことにならないであろうか。つまり、教師が教育技術を教えられているように、教師を教える教師のための教師、と無限に続くことになるであろう」[53]。

このような根拠を挙げつつ、パウルゼンは大学における高等教育学の講座開設の不可能性を強調したが、『ドイツの大学と大学学習』においては以上の内容をほぼ同様に繰り返しながらも、その主張は、高等教育学の課題として天文学者フェルスターが挙げていた大学教育及び大学教育制度に関する包括的な歴史研究に対する1900年時点でのいくぶん好意的な構えを、もはや全く認めないところにまで強調されている。「数学教育の方法論の歴史を記述できるのは数学者だけであり、同様に文献学教育のそれは文献学者だけ、解剖学教育のそれは解剖学者だけである」[54]。そして、高等教育学そのものに対しては以前にも増して、厳しい非難の言葉を浴びせている。例えば、高等教育学という言葉自体を「奇妙奇天烈な（vertrackt）言葉」[55]と述べてみたり、大学教師ゼミナールを「いくらか奇妙で、ほとんど滑稽」[56]とまで言い

4章　大学教育改革を巡る歴史と教訓　163

放っている。おそらく、この種の言葉は彼がベルリン大学で行っていた講義の最中にも飛び出していたようで、当時、彼の大学論についての講義の聴講者であったシュプランガーが晩年、「この種の講義（大学学習の方法に関する講義）の様々な事例を跡づけることは、教えるところが多い。フリードリヒ・パウルゼンの『ドイツの大学と大学学習』は、そのような研究の公的講義の先駆となっている。私もそれを実際に聴講した。……その（高等教育学協会の）試みは奨励されるよりもむしろ嘲笑された」[57]と語っていることからも分かる。シュプランガーは博士論文をパウルゼンのもとへ提出しており、彼はパウルゼンから多大な影響を受けていた。これは高等教育学に対するスタンスでも同様であった。そこで、続いてシュプランガーを考察の対象としてみよう。

　エドゥアルト・シュプランガーが高等教育学に言及している箇所はほとんど見あたらない。彼の全集では、これまでに引用したように、重要な課題を提出しつつもすぐに挫折したとする見解が述べられているにすぎない。しかしながら、1913年に出版された『過去100年における大学の本質における変遷』[58]は、他ならぬ高等教育学協会の1912年10月18日の年次集会でゲストとして行った講演であった。しかも、その講演を出版したエルンスト・ヴィーガント社は、1912年の『高等教育学雑誌』の編集に関わっており、その後も協会役員として年次集会に参加している。さらに、シュプランガーも講演と同じ年に『パウルゼン教育学選集』の編集を手がけ、長い序文を書くとともに、その中に先に触れた「高等教育学？」を収めている。このような事情を踏まえれば、彼が何らかの形で高等教育学とのかかわりの中にあったことは確実である。通常、この講演はシュプランガーの大学論を表明したものとして取り扱われることが多く、一見したところ、高等教育学を真っ向から考察の対象としていることもせず、それに対する賛否も明瞭に示していない。無論、そうした性格の講演であり、彼の大学論を知る格好の素材である[59]。しかし、彼が旧来の大学観を固持して講演でそれを主張し続けたのは、高等教育学という新しい流れを牽制するためであった。年次集会の講演ということで、あたかもこの運動を肯定しているかのような印象を受けるが、彼は暗々

裡にパウルゼンと同様に反対の構えをとっていた[60]。そこで、これまで読み解かれることの少なかった彼のこのような態度から、講演内容を通覧してみたい。

　シュプランガーはこの講演で高等教育学を、大学の自由（したがって学問・教授の自由）、研究と教育の結合、大学教育の方法の教授不可能性、実証主義批判、実践からの距離化（つまり学問の純粋性）、哲学的基礎を持った教育学といったいくつかの観点から問題としている。まず、彼にとって大学は19世紀初頭に議論された大学論を引き継ぐものとして捉えていた。それは、大学が学問施設であり、また国家や政治などの外的権力からできる限り解放されているべきであるというものであるが、彼は「大学が自由主義の牙城である」[61]とまで言っている。したがって、大学は中等教育教員や医師、法律家など、国家試験のための職業養成が課されているという点で、確かに国家の管理下に置かれているわけだが、国家の中で独立している国家として[62]「単なる試験志願者といった厄介者（Ballast）から解放されて」[63]いなければならなかった。ところでシュミットクンツは、こうした職業養成をさらに大学教師にまで拡大して、教員試補（Studienreferendar）、教員候補（Studienassessor）、正教員（Studienrat）といった後の中等教員制度のように実践を重視する「試験制度や資格制度が設けられること」を求めていた[64]。ドイツにおける教員組織は国家の管理下に置かれていたから、つまるところこれは大学教師に対する国家干渉を強めることである。それ故、シュプランガーは大学の外的権力からの干渉を否定することで、暗にシュミットクンツのこの要求に拒否の姿勢を示したことになる。もちろん、シュプランガーは大学から職業養成を取り除くことができると考えていたわけでなく、一般的性格を持った講義やゼミナールと学的専門家養成のためのそれとの間に区別を設ける大学での段階教育を導入することによって妥協しようとしている。だが、彼はその際も養成以上に学問に重点を置き、大学が学問施設である限り「大学の下位段階においても研究なしには学問は考えられない」[65]としている。高等教育学の主張に見られる大学教師の職業養成は、単に外部からの影響力から問題とされていただけでなく、大学が有する学問性を脅か

すものとしても捉えられていた。

　ところで、下位段階における研究の必要性を力説するにあたってシュプランガーが付け加えているのは、研究と教育とが分離できないということであった。大学の教育内容が持つ「学問性はドリル練習や詰め込み教育とは区別されるもの」[66]として、言い換えれば、初等教育が伝達するような内容とはそもそも異なるものとして理解されている。このような彼の態度はこの講演以前にも既に認められるものであり、例えば、ベルリンの女子教員養成ゼミナールで教鞭をとっていた際、多くの暗記すべきものをはむだけの百科全書主義的な様相を「通称、家畜小屋」であり「低級な形式」であると酷評している[67]が、このような態度は、パウルゼンと同様に、学問方法とその学問の教授方法とを峻別すること、つまり「研究と教育との間に区切りをつけようとする」[68]高等教育学に対する批判と基本的には通ずるものがある。下位段階提案の場合に、確かにシュプランガーは高等教育学という言葉を用いてはいないが、この側面においてもそれに対峙する姿勢をほのめかしていたことになる。研究と教育を分離することは、大学の教育内容を試験で求められる固定した知識の学習とよく似た記憶だけの世界を結果させ、そうして学問施設としての大学に独自な方向が失われると見ていた。

　これと関連して講演では、パウルゼンとよく似た反論が展開されている。それは、大学は既製の固定した知識を与えるものでなく、したがって大学は初等教育機関ではないとする主張である。基礎的知識とは完全に異なり、「学問の中にはできあがったものなど決してない」のであって、「学習の過程は自己創造、自己発見、自己獲得を持っている」[69]。それ故、修得しさえすればあまねく通用するような知識は存在せず、結果として高等教育学が求めるような大学における教育方法の知識は存在し得ない。また、そのような知識はその時々に「自己を通して」獲得されるものであって、決して他者によって教られることができるものでないし、ましてや雛形は存在していない。「大学は（大学が必要とする研究し同時に教育する）人格を作り出すことはできない」[70]のであり、言い換えれば、大学そのものが大学人を養成するのでなく、学問を通して自らが研究し教育する大学人となるのであった。し

がって、例えば、歴史学を通して教育する歴史学者になるのであり、高等教育学を通して教育する歴史学者になるのではなかった。確かに、高等教育学は20世紀への転換点あたりから目立ってきた学生増加がもたらした大学教育の問題を改善しようとする動きの中で生まれてきたものであった。しかし、シュプランガーの講演を解読すれば、高等教育学は大学教育を改善するどころか、大学を危機に陥れる可能性を秘めていると感じられていたと思われる。高等教育学は彼にとって大学を大学教師の単なる養成施設にしてしまうものと映っていたのである。彼は講演の最後で、「大学は教育施設ではない」[71]と断言し、協会が求めているような高等教育学をきっぱりと拒否している。なお、シュプランガーは大学における養成に対して、高等教育学批判と類似した議論を後に再び展開しているので、ここで触れておきたい。彼は1920年に、大学において初等教育機関の教師（Volksschullehrer）を養成すべきか否かが問題となった際、これに対して徹底した反対の立場に立った。彼は全国学校会議（Reichsschulkonferenz）において、大学での養成が行われるようになれば、より高く社会的上昇を望む学生たちは初等教育への職業意欲を失い、結果としてその教員が将来的に激減すること、既に学生過剰である大学がさらに進むことになり、そうした大衆化は大学を専門学校化してしまうこと、直接に結びつくはずのないところの実践教育の養成と学問的な教育内容との間に矛盾が生じることなどをあげて、大学における初等教員養成を「考え得る限り最も不健全な選択」[72]とし、代案ないしは妥協案として大学の外部に大学と似た（universitär）組織、つまり教育大学（Pädagogische Hochschule）を示し、これは教育アカデミー（Die Pädagogische Akademie）として実現に至ることとなる。彼の大学での養成に反対する表明を行った背景には、その他にも、当時まだ学として十分に認知されておらず、それ故哲学的な基礎づけを必要としていた教育学が、大学における養成を引き受けることによって単なる技術学に貶められることに対する彼の危機感もあったが、いずれにせよ、大学の学的性格を堅持するために職業養成を拒否する態度は、高等教育学に対する構えとほとんど一致していると言えるであろうし、ヴァイマル期におけるこうした彼の反応は、1912年の段階で既に定まっていたと

することができよう[73]。

　以上のようなシュプランガーの態度には、彼が講演ではっきりと述べているように、大学が「厳密に学問施設として貴族主義的な施設を維持しなければならない」[74]とする大学観が前提となっている。また、これと同時に大学の行う「学問研究の一体性の意識」、そしてそうした「研究の本質的な枠組み」[75]を与える哲学も根本とされている。基本的に彼にとって大学はエリート養成のための施設であり、大学人は精神的貴族、「エリートを養成するエリート」であったという点で、彼は当時の大学人の代表的な態度を体現している。このような大学は、第1節で既に示したような経済的政治的干渉から自由であるばかりでなく、「単なる有用性の精神を越えて高めること」[76]を必要であるとされていた。言い換えれば、大学（Universität）は他の高等教育機関（Hochschule）が持っている目的という性格を有していなかった。工科大学（Hochschule für Technik）のように、「何らかのための大学」（Universität für etwas）と大学はなり得ないものであり、大学は一定の目標、言い換えれば、限定された目標を完全に拒否するものであった。シュプランガーが大学に一体性（Einheit）や哲学を求め、さらに実証主義批判を繰り広げるのもここに由来している。ところが、当時、学生の増加の結果、ゼミナールは「学生過剰の結果として十分な目的を果たすことができない」[77]状態となり、また「ドクターの称号は今日、単なる社会的添え物……となって」[78]いた。彼は高等教育学協会の講演が出版された1913年にもハンブルク大学の創設に対する反対意見を述べた小論[79]で同じ危惧を表すとともに、ここで触れた大学観を繰り返している。引用によって補ってみよう。「専門学校も大学も、それぞれのあり方において卓越しており、またよいものである。しかし、この二つの間で結ばれた婚姻は不幸な結果になるに違いない」[80]。他の高等教育機関が有する限定された目的の中にある「功利主義的な考えを進めていけば、結果的に我々は大学を根本的に土台から破滅させる」[81]。大学は他の高等教育機関とは全くの別物であり、「大学はどの部分をとってみても一般的な学問施設であるが、それ以外の高等教育機関は学問的に基礎づけられた……技術を教える」[82]にすぎなかった。こうした彼の立脚

点から推し量るなら、高等教育学が求めているものは現状と妥協する技術、その場しのぎの方策と何ら変わりがなかった。この点では、高等教育学に対するシュプランガーの構えは、植民地研究所を大学として昇格させようとしたハンブルク大学創設案や大学での初等教育教員の養成案に対する反応、さらに民衆大学に典型的な大学拡張の動きに対する反応とも重なっていることになる。彼にとって、これらはみな大学の営為とは元来相容れないものであった。「……主要な講義のどれもが演説調の大衆支配の雰囲気になっていけば、学問的研究は……疑いも阻害される」[83]。「民衆大学は……学問が持っている旧来の観点から見れば、……大学の水準を必然的に引き下げることになるであろう」[84]。それ故、学問研究と貴族主義を防衛するために、彼は次のように述べている、「国民の中に知識を広めることは、大学人以外の人々やその他の商売に任せることができるし、またそうすべきである」[85]。しかしながら、高等教育学はこうした動きから生じた大学教育の質的低下に対処しようとしていた。ここに見られるのは高等教育学運動とシュプランガーのスタンスの決定的な違いである。それはすなわち、前者の現状の改善に対する後者の現状の無化として言い表せるであろう。無論、当時の大学事情、つまり大学の民主化と大衆化は、ヴァイマル期を通じて、さらには第二次世界大戦後以降、現代に至るまでさらに大きなうねりとなっているが、彼はこの必然的な流れに逆らおうとしていた。高等教育学協会での講演では、こうした保守的傾向が高等教育学への拒絶となって現れていると見てまず間違いないであろう。そこでの構図はウニヴェルシタスとしての大学に対する限定された目的にのみ寄与する高等教育機関、哲学的基礎を持った教育学に対する大学のための教育学（Pädagogik für Hoschschule）、すなわち協会の求める高等教育学、理論的な教育学に対する実証主義的な技術学としての高等教育学である。大学における教育の技術やその効果の功利性に寄与する高等教育学は、シュプランガーにとって元来、大学における学としては是認しがたいものであった。講演の中で、実証主義がもたらした大学の危機にかなりの部分を裂いているのも、彼が高等教育学を実証主義のエピゴーネンと見ていたところに由来している。1913年の小論「大学創設に対する我々の時代の使

命」の最後に語られた内容は、そのまま高等教育学協会における講演の最後の部分と結びつくものである。講演では、大学の精神そのものの中に高等教育は究極のものを持つとして、旧来の大学観に回心することを勧めているが、実のところ、その真意は次のようなものであった。「大学が国家や国民、すべての階層に影響を及ぼし得るのは、純粋な真理探究という世俗から離れた理想主義が何よりも最高のものであるということを深く確信するところに根拠を持つ。……大学をこのような高い位置に保っておくこと、これこそが大学で働き未来に対して責任を担っている全ての者の道徳的義務なのである」[86]。

　以上、パウルゼンとシュプランガーを事例として、高等教育学が当時どのような抵抗にあったかを見たが、両者に共通するのは、研究という絶えざる批判的生成活動を通して教育を行うのが大学であり、したがって教えることなく学び取られる形式が大学教育であるという19世紀以来の大学観であった。20世紀初頭では、既にそうした大学観は様々な事情から危機に瀕していたのであるが、それを擁護し続けたという点で、この２人には時代認識の甘さがあったとも言えるであろうし、旧来の流れに無理に引き戻そうとする強引さも認められる。一方で、新奇性には富んでいたが、学として認められようとする以上課せられる理論的問題に対するまなざしが不透明であった高等教育学も、学的営為が進められたというよりはむしろ絶えず宣言され続けるだけであったために、現状に対するその場しのぎの対処療法的な性格や単なる方法の学といった印象を拭い去ることができなかった。それはパウルゼンとシュプランガーの批判の時期が異なっていても、その内容がほぼ一致していることにも伺い知ることができる。もちろん、それはヴァイマル期をも消滅することなく生き残り続けた大学教師の保守性がどれほど根強かったかを物語るものでもある。結局のところ、高等教育学協会はその保守性を超克することはなかったと言えるであろう。

おわりに

　さて、以上を要約してみよう。およそ40年に渡って展開された20世紀初頭

の高等教育学運動は、既に存在する教授学を模倣しつつ、同時にそれまでの大学教育の教授法を歴史的に研究することで一定の教育方法を生み出すことによって大学教育を改善しようとし、一時期ではあったが、これに問題意識を持つ多くの大学教師に受け入れられた。他方で、この運動は旧来の大学観を保持する人々によって激しい攻撃に晒されている。彼らは、大学教育が他の教育機関と同様の教育方法を作り出すことの論理的不可能性を主張したが、その際、大学が有する知識が常に発展可能性を持ったものであり、そうした知識の伝達が教師の人格性に基づいていて、それ故自動機械化した方法ではなし得ないことに論拠を求めていた。また、この運動が大学教育という問題圏を教育制度全体の一部と捉えて議論を進めたのに対して、それに抵抗を示した人々は、大学とその他の下位教育機関との間にある教育の質的差異、それらの間での架橋不可能性を前提としており、高等教育学の批判者にとって大学は、それ以外のものとは全く異なる施設であった。この運動が、高等教育機関における統一学校化の動きの傍流として、また大学における民主化運動や大衆化への対処の動きの一つとして理解できる限りで、たとえシュミットクンツが難色を示していたとしても、高等教育学運動を大学改革のヴァリアンテと把握することができるであろう。しかし、歴史的にはこの運動は、大学とその他の下位教育機関との間で婚姻を成立させようとした不幸な仲介者として、その役割を終えるにとどまった。

　既に示したように、高等教育学運動が衰退した内的原因には、この運動の中でこの学問の講座開設ばかりが中心的要求となって大きな問題をも含んでいた大学改革の議論が意図的に回避されたことがあげられるが、仮に高等教育学自体が今触れたような大学改革的要素を持っていたとするならば、もうひとつの重大な原因が考えられる。それは、この運動の敵対者が主張する中に認められる。すなわち、高等教育学は大学での学的地位を求めていたにもかかわらず、旧来の大学観を内在批判的には十分に踏襲していなかった。これはこの運動の新奇性でもあったが、同時にこの点で高等教育学運動は徹底した批判を受け、大学を無化するものとして弾劾されたのであった。この運動はドイツの大学の核心部分である「大学教師の人格性に基づく教授の自

由」、つまり研究と不可分に結びついた教育のあり方を放棄する形で、講座の開設を求めていたのであった。もちろん、シュプランガーが強調したように、かつてのドイツの大学が完全に自由主義的精神で満たされたと言うつもりはない。「ドイツの大学の誇り」であり、「精神的自由と緊密に連関した」[87]教授の自由が、国家や教会といった外的権力からの干渉を拒否し孤独のうちに創造的営みを続ける根拠として働いていたことは十分に是認できるところであるとしても、大学の自由を経済的有用性や議会主義的利害算術からの距離化と捉え、官吏としての大学教師という矛盾を克服しないままにエリート教養市民層の意識や政治的イデオロギーの形成に加担していたこと、そうした再生産によって旧来の大学観を絶えず補強し続けてきたこと、その結果として大衆（や経済層）と教養人との溝をさらに広げたことも事実である。その意味では、ドイツの大学は自由主義的であるとは決して言えず、それ故に大学教師はヴァイマル期における（敢えて言えば）「筋金入りの敵対者」となり得たのであった。ケスラー伯が伝える大学教師の「グロテスクなまでの料簡の狭さ」[88]は象徴的である。それは、1922年11月15日にベルリン大学で行われたゲルハルト・ハウプトマン60歳祝賀式典へのエーベルト共和国大統領とレーベ共和国議会議長の招待を巡る逸話である。この2人は結局招かれることはなかったが、その理由は「共和主義者の国家元首が姿を現すのは、大学にとって愉快なことではないから」というものであった[89]。本稿で取り上げたシュプランガーもそうした人々の1人であった。彼はヴァイマル期には共和国否定派のドイツ国家人民党（DNVP）の支持者であり、第二次世界大戦後になって渋りながらも「ようやく民主主義に転向した」[90]と述べている。こうした態度から大学における教授の自由も語られていたわけであり、高等教育学運動がその保守性を批判的に捉えたが故に、その運動を拒否したと考えることもできる。その意味で高等教育学の本来的な意図は、「我々国民の社会的民主化が、これまで核心部分では根本的に保守的であった大学にも実行されないわけにはいかないであろう」[91]とするシェーラーの将来的観測と一致していた。

　しかしながら、高等教育学運動は大学における一定の教育方法を強調する

あまり、教授の自由そのものまで否定するという誤謬認識を示し、旧来の大学観を引き継ぎつつ大学内部での新しい観点変更を行うことに成功しなかった。高等教育学運動の目標は、もちろんパウルゼンやシュプランガーがこの運動に反対して大学を他の教育機関から完全に区別し、そこだけに通用する教育のあり方を墨守することではなかった。しかしまた、その運動が目指すべきであったのは、主張されていたように、大学以外の教育機関で行われている教育方法と類似のものを大学へと持ち込むことでもなかった。むしろ、その二つのどれにも属さない第三の道を切り開くことであった。というのも、前者のようなあり方がとられるとすれば、大学はいつまでたっても一部の人間のみにしか開かれていない閉鎖空間、特権意識を醸成する象牙の塔という性格を克服することはできず、大学の民主化や大衆化に対応できないままに実状を嘆き続けるだけになるからである。また、後者のような方向性がとられるとしても、大学教育が確かに誰にでも開かれ得るものとなるが、その結果はパウルゼンが既に示したように、その方法は自動機械化され、記憶とその処理ばかりを学生に負担させる教育空間、知識の反復と再生産が中心的作用をしめる非創造的な空間へと格下げされることになるだろうからである。前者は大学から社会的な存在理由を取り去るが、後者はそこから学問的な存在理由を奪う。高等教育学運動が示すことができたはずのもの、それはこの運動が大学を教育制度全体の一部として捉えていたところから獲得されるものであった。そして一方で、教育制度全体の改善の鍵は、この運動が難色を示した大学教育の利点、すなわち大学教師の人格性に基づく教授の自由にある。当時、大学以前の下位教育機関では、青年運動や労作学校運動が典型的な教育問題を示してくれているように、硬直化し拘束力の強い百科全書的性格、人格を陶冶することのない固定した画一的知識、資格のための手段として風化してしまった知識に苦しんでいた。そうした状況下にある教育機関と類似の方法論を、高等教育学運動が求めるように導入することは、大学教育を同じ危機に陥れる可能性があったはずである[92]。もし教育制度全体を視野に入れた上での高等教育学の議論が徹底して進められたとするなら、この運動の求める方向性はむしろ反対になるべきであった。つまり、教授の自由が

大学でだけ守り通されるのでなく、その他の教育機関へと拡大していく必要があったと思われる。そうすることによって当時の硬直した中等教育に改善の余地を与え、結果として大学教育の改善へとつながることに高等教育学運動は寄与し得たはずであった。

　しかし、これは果たして大学改革そのものの問題となり得るのであろうか。それが少なくとも高等教育学運動が提示した「大学教師の教育に対する意識の覚醒」と直結するものであるならば、議論として成立し得るであろう。というのも、単なる知識を越えた教授の自由は、高等教育機関であれ、中等教育機関であれ、双方に必要なものであり、別段、大学教育のみの特権とは考えがたいからである。そのような特権意識は当時の大学における最大の特徴であったが、高等教育学運動はそれを徹底して批判する可能性を持っていた。一見したところ、基礎的知識にすぎないものであっても、それは記憶の問題にとどまるものではない。例えば、大学以前の下位の教育機関で教えられる歴史にしたところで、それは単に事実の集積（Geschichte）として存在しているのでなく、既にある立脚点から語られる解釈された物語（Historie）である以上は、記憶によって終了するような教育内容を越え出ている。無論、教授の自由は事実の客観性、即物性を前提としたものでなければならないが、その前提が守られるのであれば、その自由はどのような教育機関でも基本的に通用するものでなければならず、そのような自由の承認によって教育の私事性、教える者の個性が有効に働くことになるであろう。また、大学が伝達する教養が、ゼロを何回も加算するような知識の累積ではなく、常に全面的であることを求められているとすれば、その要求は初等教員が全体的人間であるよう求められていることと同様であろう。そして、教育が知識伝達であると同時に人格形成であるとすれば、それは組織の種別にかかわりなく、教育における人格性は認められねばならないだろう。さらに、全く受動的で受け入れるだけの態度において真理に到達できないように、そのような態度では基礎的知識を獲得することもできないであろう。したがって、大学が有している特権を同等の権利として配分し合うことは、それが間接的に大学の民主化を進めるという点では明らかに大学改革であると言うことができる。も

ちろん、事実の客観性や即物性を無視して「いかなる教育的営為にも完全な価値中立はあり得ない」とすれば、教授の自由の拡大は乱用となり、その自由が政治的ないしは宗教的イデオロギーの手段に堕してしまう危険性は否定できない。高等教育学運動がこの提言をし得なかったことは事実であり、もしそうし得たとしても、時代の状況を踏まえれば、この運動が全体主義国家の教育学、世界観大学の教育学へと変質してしまったであろうということも予想できる。それは、ベルンハイムが高等教育学協会の末期に協会の議長に国家社会主義労働党員をおこうとしたところからも分かる。しかしながら、啓蒙の野蛮を通り抜け、そしてそれに対して絶えざる批判的反省を加え続ける中で、教師の人間的自律という意味における教授の自由、それ故、教授に対する責任をも有する自由を考え直し即物性に媒介された人格性へ至ることは、大学教育のみならず教育全体の問題の反省を促すものと思われる。その意味で、教授における価値中立を疑問視し続けながらも、世界観の危険性も認識していた晩年のシュプランガーが述べた次の2つの文章は、現代では教師一般に対する言葉でもあるだろう。本稿の最後を彼の言葉によって締めくくることとしたい。「大学教師は問題と倫理的決意との内的戦いを感じ取ることができるが、そうした大学教師だけが単なる啓発から教育へと歩み出ることができる。彼は客観的な態度の格率を導き、学ぶ者のまなざしに可能な理論を見せ、実践的態度に対する二者択一が関係してくるところでは、ある集団の単なる有用性や権力獲得の原理に従うことなく、道徳的義務の観点で選択する。このことは、大学教師が教師として講座から働きかけることができ、またそうしなければならないことである」[93]。「大学教師が〈文化形成者〉という役割を意識的に引き受けねばならないとする方向が求められているとしても、自立した働きかけが既にできあがっていなければならないというのではなく、むしろ常に育ちつつある〈良心に基づく（gewissenhaft)〉統御がなければならないのである。本来の文化形成者は同時に常に文化批判者でもある。それどころか、本来の文化形成者は、道徳的な矛盾と戦う者なのでもある」[94]。

註

1) Scheler, Max : Universität und Volkshochschule. In : Max Scheler Gesammelte Werke. Band 8. Wissensform und Gesellschaft. Francke Verlag, Bern/München, 1980, S.383-420. S.391.
2) Scheler : ebenda S.386.
3) Scheler : ebenda.
4) Handbuch der deutschen Bildungsgeschichte. Band V. Hrsg.v. Dieter Langewiesche u. Heinz‐Elmar Tenorth, Verlag C.H.Beck, München, 1989, S.340.
5) この運動の主導者シュミットクンツは「大学教育学（Die akademische Pädagogik)」と同様に考えていたので Hochschulpädagogik をそう訳してもよいが、単に大学（Universität）での教育を扱う学問でなく、広く高等教育機関全般におけるそれを考えていたこと、そして初等教育学や中等教育学とのアナロジーを用いていることから、本稿では「高等教育学」の訳語をあてた。
6) 例えば、『世界教育史体系』（梅根悟監修、世界教育史研究会編、講談社、1974年～）においても民衆大学については多くの叙述がなされていても、高等教育学運動についてはその記述を見出すことができない。
7) von Queis, Dietrich : 36 Jahre Hochschulpädagogik : Die erste hochschulpädagogische Bewegung 1898-1934. In : Leitner/von Queis/Schmithals (Hrsg.) : Die pädagogische Herausforderung der Universität 1898-1934. Deutsche Studien Verlag, Weinheim, 1990, S.47-76.
8) マックス・ヴェーバー『政治論集Ⅰ』中村貞二ほか訳、みすず書房、1983年、298頁。
9) ここで利用しているのは、以下の文献である。Ringer, Fritz : Das gesellschaftliche Profil der deutschen Hochschullehrer 1871-1933. In : Schwabe, Klaus (Hrsg.) : Deutsche Hochschullehrer als Elite 1815-1945. Harald Boldt Verlag, Boppard am Rhein, 1988, S.93-104.
10) Ringer : ebenda S.99.
11) Ringer : ebenda S.94.
12) Lehmann, Rudolf : Die Universitäten am Ende des 19.und zu Beginn des 20. Jahrhunderts. In : Paulsen, Friedrich (Hrsg. u. in einem Anhang fortsetzt v. Lehmann, Rudolf) : Geschichte des gelehrten Unterrichts. Dritte, erweiterte Auflage. Zweiter Band. Berlin/Leipzig, 1921,

S.709.

13) 上山安敏・三吉敏博・西村稔編訳、『ウェーバーの大学論』（木鐸社、1979年）36頁。ドイツ大学教師会議については、この引用書のほか、『ウェーバーとその社会』（上山安敏、ミネルヴァ書房、1996年）にも詳しい。

14) ハンス=ヴェルナー・プラール『大学制度の社会史』山本尤訳、法政大学出版局、1988年、199頁以下。

15) 表の作成にあたっては、次の文献を参照した。Titze, Hartmut (unter Mitarbeitung von Herrlitz, Hans‐Georg/ Mueller‐Benedict, Volker/ Nath, Axel): Datenhandbuch zur deutschen Bildungsgeschihte. Band Ⅰ: Hochschulen. 2.Teil. Vandenhoeck & Ruprecht, Göttingen, 1995.

16) 19世紀末から20世紀にかけてのドイツの大学におけるゼミナールの変質は、次のものでも触れられており、ここでの参考としている。潮木守一『京都帝国大学の挑戦』（講談社学術文庫、1997年）37頁—94頁。

17) Paulsen, Friedrich: Die deutsche Universitäten und das Universitätsstudium. Verlag von Ascher & Co, Berlin, 1902, S.267.

18) Paulsen: ebenda S.269ff.

19) Scheler, Max: ebenda S.391.

20) Lehmann: ebenda S.710.

21) Scheler: ebebda S.394.

22) Scheler: ebenda S.390. シェーラーは当時の若者たちを次のように揶揄している、「応用不可能な学校知を袋の中でガタガタならしているが、世界との接触を全く持たない小さな教養人や空疎な知性主義者たちが、多くの大学を卒業している。知識において豊富で、態度決定能力やその態度に対する責任感覚、共同責任感覚において貧困、これが我々の客観的な目にしばしば映るアカデミックな若者たちの印象である」（Scheler: ebenda S.392）。

23) 潮木守一『ドイツ近代科学を支えた官僚』（中公新書、1993年）128頁以下を参照のこと。同『ドイツの大学』（講談社学術文庫、1992年）も当時の大学を知る手助けとなる。また、大学教師の教師としての資質について触れた同時代人のよく知られた証言としては次のようなものもある、「学者を職業としようと思う若者は、彼に期待されている課題が二重性を有していることをはっきりさせておかねばならないでしょう。つまり、彼は学者としての資格ばかりでなく、教師としての資格も持つべきなのです。この2つの資格は、決して合致することはありません。誰しもが非常に卓越した学者でありながら、退屈きわま

4章 大学教育改革を巡る歴史と教訓 177

りない教師にもなり得るのです。ヘルムホルツやランケのような人々を思い起こすことができるでしょう。そして、このような人々は決して奇妙な例外ではないです」(Weber, Max: Wissenschaft als Beruf. Duncker & Humblot, Berlin, 1975, S.9.)。

24) Vgl. Paulsen, Friedrich: ebenda S.238ff.. 高等教育学には批判的であったパウルゼンは、それでも問題状況を公平に捉えているのでここでの参考とした。

25) Schmidkunz, Hans: Verband für Hochschulpädagogik. In: Pädagogisches Archiv. Jahrgang 42 Heft 11, 1900. S.651-653.

26) Schmithals, Friedemann: Die Gesellschaft für Hochschulpädagogik als Modellfall für die Institutionalisierungsprobleme der Hochschul-Pädagogik. In: Leitner/von Queis/Schmithals (Hrsg.): Die pädagogische Herausforderung der Universität 1898-1934. S.77-96. S.84.

27) Schmidkunz: edenda S.651.

28) 『高等教育学誌』刊行以前のシュミットクンツの論文には、次のようなものがある。Schmidkunz, Hans: Entwurf eines universitätspädagogischen Seminars. (In: Lehrpoben und Lehrgänge. 1897, S.11-21.); Verband für Hochschulpädagogik. (In: ebenda 1900); Die Ziele der hochschulpädagogischen Bewegung. (In: Die Deutsche Schule. Band 5, 1901, S.397-405); Die Vorträge des Verbandes für Hochschulpädagogik im Jahre 1902/03. (In: Pädagogisches Archiv. Jahrgang 42, 1903, S.615-624); Grundzüge der Hochschulpädagogik. (In: Allgemeine Lehrerzeitung 20. 1905, S.234ff.); Wesen und Berechtigung der Hochschulpädagogik. (In: Zeitschrift für Philosophie und Pädagogik 13. 1906, S.433-440, S.507-520, S.552-565; Die Hochschule der Gegenwart. (In: Allgemeine Lehrerzeitung 59. 1907, S.73ff.); Einleitung in die akademische Pädagogik. (Halle 1907) など。

29) von Queis, Dietrich: ebenda S.51.

30) フォン・クヴァイス、ライトナー、シュミットハルスらの編集による前掲書では、付録として高等教育学協会の年次集会における役員一覧と『高等教育学会報』及び『高等教育学誌』の内容一覧、1911年、1913年の当該雑誌に記載されていたメンバー名簿一覧が収められている。

31) Spranger, Eduard: Der Universitätslehrer als Erzieher. In: Eduard

Spranger Gesammelte Schriften Band 10.Quelle & Meyer Verlag, Heidelberg, 1973, S.391-405. S.392.
32) von Queis: ebebda S.55.
33) Schmidkunz, Hans: Reform und Pädagogik im akademishe Betrieb. In: Zeitschrift für Hochschulpädagogik. Jahrgang 11, 1920. S.23-33. S.24. Vgl. Leitner, Erich: Die hochschulpädagogische Bewegung in ihrem Verhältnis zur Hochschulreform. In: Leitner, von Queis, Schmithals (Hrsg.): Die pädagogische Herausforderung der Universität 1898-1934. S.31-45.: ebenda S.19.
34) Leitner: ebenda S.35.
35) ここでは以下のものに依拠している。von Queis: ebenda S.55-63.
36) フォン・クヴァイスの前掲書のほかに、ここで利用したのは次の文献である。Titze, Hartmut: Datenhandbuch zur deutschen Bildungsgeschichte. Band Ⅰ: Hochschulen. 2.Teil.
37) 実践とは必ずしも関係を持たない教育学ゼミナールを有する大学も、トゥービンゲン大学（1911—1936年）、ハレ大学（1912年）、ベルリン大学（1913年）、ミュンヘン大学（1914年）、ミュンスター大学（哲学的教育学ゼミナールが1845—1886年、教育学部門が1920年以降）、ゲッティンゲン大学（1843—1892年及び1920年以降）と少なかった（Vgl. Titze: Datenhandbuch zur Bildungsgeschichte. BandⅠ, 2.Teil）。1913年前後での情況が推察できるであろう。また、1920年代に入ってもプロイセンのほとんどの大学は教育学講座も教育学ゼミナールを有していなかった。両者ともにそろっていたのは、フランクフルト大学とゲッティンゲン大学に限られ、ハレ大学とベルリン大学はゼミナールのみを有していたにすぎなかった（vgl. Meyer-Willner, Gerhard: Eduard Spranger und die Lehrerbildung. Die notwendige Revision eines Mythos. Verlag Julius Klinkhardt, Bad Heilbrunn/OBB., 1986, S.86)。
38) 例えば、エドゥアルト・シュプランガーの当時の作業が典型的である。彼はフンボルトに関する教授資格論文とその時代の教育制度に関する著作を公刊するかたわら、フィヒテ、シュテッフェンス、シュライエルマッハーの大学論の編集に携わっていた。
39) Schmidkunz, Hans: Die hochschulpädagogische Bewegung. In: Vierteljahresschrift für wissenschaftliche Pädagogik 1. 1925, S.495ff.

S.506. Vgl. von Queis: ebenda S.49.
40) von Queis: ebenda S.62.
41) Faulenbach, Bernd: Die Historiker und die "Massengesellschaft" der Weimarer Republik. In: Schwabe, Klaus (Hrsg.): Deutsche Hochschullehrer als Elite 1815-1945. S.225-246. S.225.
42) Faulenbach: ebenda S.231.
43) というのは、フォン・クヴァイツが年齢を特定できなかった137名の大学教師たちが、仮に後に大学に職を得ることなく消えていった私講師であったという仮定を立ててみると、40歳以下の協会の大学教師メンバーとあわせて154名、協会全体の大学教師280名との関係は55％となり、先の歴史学者の場合における私講師率とほぼ等しくなる。しかし、これは憶測の域をでないので全く確証できないことである。
44) Paulsen, Friedrich: Universität oder Schule? In: Spranger, Eduard (Hrsg. u. eingeleitet): Friedrich Paulsen Gesammelte Pädagogische Abhandlungen. Cotta'sche Buchhandlung Nachfolger Stuttgart/Berlin, 1912, S.189-198.; Ders.: Hochschulpädagogik? In: ebenda S.256-261. なお、本稿では最初の論文はとりあつかわない。
45) Paulsen, Friedrich: Hochschulpädagogik? S.256.
46) Paulsen: ebenda S.260.
47) Paulsen: ebenda S.257.
48) Paulsen: ebenda.
49) Paulsen: ebenda S.258.
50) Paulsen: ebenda S.259.
51) Paulsen: ebenda.
52) ベルンハイムの反論については、以下を参照のこと。Leitner: ebenda S.34.
53) Paulsen: ebenda S.258ff..
54) Paulsen, Friedrich: Die deutsche Universität und das Universitätsstudium. S.285.
55) Paulsen: ebenda S.281.
56) Paulsen: ebenda S.282.
57) Spranger: Der Universitätslehrer als Erzieher. S.392. なお、括弧内は引用者。

58) Spranger, Eduard: Die Wandlungen im Wesen der Universität seit 100 Jahren. Ernst Wiegandt Verlagbuchhandlung, Leipzig 1913.
59) 例えば、マイヤー＝ヴィルナーは、「シュプランガーの大学観はヴィルヘルム・フォン・フンボルトによって強く影響されている。これは既に……『過去100年における大学の本質における変遷』において特に明瞭に示されている。……この論文は彼の把握の連続性を示し証明するものである」と述べている (Meyer-Willner : ebenda S.55.)。
60) 例えば、井上正はヴァイマル期におけるカール・ハインリヒ・ベッカーの大学改革をシュプランガーの提唱に基づくものとして捉えて大学への高等教育学の導入を強調したとするが、シュプランガーは大学に様々な課題を集中しようとする（1920年代初頭の）ベッカーの考えには否定的であったし、本文でこれから示すように、高等教育学に対しても決して肯定的ではなかった。井上正「オルテガの大学論」（オルテガ・イ・ガセット『大学の使命』井上正訳、玉川大学出版部、1996年所収）148頁以降参照のこと。また、大学への機能集中化に対するシュプランガーの否定的な態度については、拙論「エドゥアルト・シュプランガーと教育アカデミー（前編）」（『松阪大学女子短期大学部論叢』第37号、1999年、33頁―46頁）を参照のこと。
61) Spranger : ebenda S.12.
62) 次の箇所を参照のこと。Spranger : ebenda.
63) Spranger : ebenda S.19.
64) Schmidkunz : Verband für Hochschulpädagogik. S.252.
65) Spranger : ebenda S.17.
66) Spranger : ebenda.
67) Meyer-Willner : ebenda S.132.
68) Spranger : ebenda S.17.
69) Spranger : ebenda.
70) Spranger : ebenda S.34. 括弧内は引用者。
71) Spranger : ebenda S.35.
72) Deutsche Schulkonferenz. Band 3. Die Reichsschulkonferenz 1920. Verlag Detlev Auvermann, K.G.Glashuetten im Taunus, 1972, S.270.
73) 全国学校会議のシュプランガーについては、拙論「エドゥアルト・シュプランガーと教育アカデミー（前編）」で詳細に扱っている。なお、彼は大学における職業養成そのものに反対する姿勢を最初からとっていた。初等教員ばかり

4章　大学教育改革を巡る歴史と教訓　181

でなく、ギュムナジウム教員を大学で養成することにも否定的であった (Vgl. Meyer-Willner: ebenda S.54)。それ故、彼にとって大学における大学教師養成が認められないのは、必然であろう。

74) Spranger: ebenda S.21.
75) Spranger: ebenda S.24.
76) Spranger, Eduard: Kultur und Erziehung. Quelle & Meyer Verlag, Leipzig, 1.Auflage, 1919, S.30.
77) Spranger: ebenda S.19.
78) Spranger: ebenda S.37.
79) Spranger, Eduard: Über den Beruf unserer Zeit zur Universitätsgründung. In: Die Geisteswissenschaften. Jahrgang 1, Heft 1, 1913, S.8-12.
80) Spranger: ebenda S.9.
81) Spranger: ebenda S.10.
82) Spranger: ebenda.
83) Spranger: ebenda S.8.
84) Spranger: ebenda S.12.
85) Spranger: Die Wandlungen im Wesen der Universität seit 100 Jahren. S.21.
86) Spranger: Über den Beruf unserer Zeit zur Universitätsgründung. S.12
87) Paulsen, Friedrich: Die deutsche Universität und Universitätsstudium. S.286.
88) ハリー・ケスラー『ワイマル日記 上』松本道介訳、冨山房、1993年、343頁。
89) 大学教師だけでなく学生も旧来の政治的傾向を固持していたことが、ケスラーの日記で察知することができる。「ベルリン大学学生会は……多数決によってハウプトマン祝賀式典には参加しないことを決議した。その理由は、共和主義者であることをみずから認めたゲーアハルト・ハウプトマンは、もはや節操あるドイツ人とは見なしがたい、というのだそうだ！」（同掲書、同頁）。ドイツの大学が旧来の大学観を再生産していたことを理解できる一文である。また、これに続いて本稿で取り上げた内容が続くので、ここにその全文をあげておきたい、「サム・フィッシャーから聞いたところでは、祝賀演説をやった例の（ユリウス・）ペーターゼンが二日前に彼のもとへやって来て、エーベルトを

招待客から外してほしいと頼んできたそうだ。共和主義者の国家元首が姿を表すのは大学にとって愉快ではないからだという。フィッシャーがこれを断ると、ペーターゼンは、ではせめてレーベを外してくれと頼んだ。一度に二人の社民党員（社会民主党員）が来るのはちょっと多すぎるのだそうだ！」（同頁、括弧内は引用者）。

90) Spranger, Eduard: Rückblick. In: Eduard Spranger Gesammelte Schriften Band 10. Quelle & Meyer Verlag, Heidelberg, 1973, S.428-430. S.430. なお、ヴァイマル共和国、つまり民主主義に対する彼の姿勢は、拙論「若きシュプランガー（Ⅰ）」（『慶應義塾大学大学院社会学研究科紀要』第49号、1999年、21頁―35頁）で詳しく扱っている。

91) Scheler, Max: ebenda S.397.

92) 例えば、青年運動の発祥の地シュテーグリッツ・ギュムナジウムには徹底したギュムナジウム批判で知られるルートヴィヒ・グルリットがいたが、この地域にはパウルゼンも住んでいた。グルリットが青年運動の精神的支柱となった一方で、パウルゼンはこのギュムナジウムの創立者リュックのそれであった。リュックはグルリットを危険視していたが、グルリットが影響を与えた青年運動の指導者カール・フィッシャーには信頼を寄せており、我が子をヴァンダーフォーゲルに入れている。こういった状況下でパウルゼンは当時の学校状況をつぶさに知ることができたと考えられる。こうした中等教育に対する彼の関心は、1890年の全国学校会議でのギュムナジウムにおける人文主義養成と実科養成の同権化や1900年における3種の中等教育施設の同権化に具体的に見られるが、その他中等教育改革に関する多くの論文にも反映されている。なお、パウルゼンと青年運動については、上山安敏『世紀末ドイツの若者』（講談社学術文庫、1994年、55頁―90頁）に詳しい。

93) Spranger, Eduard: Der Universitätslehrer als Erzieher. S.402.

94) Spranger: ebenda S.403.

5章　大学開放センターの発展

片山尊文　山元有一　中井良宏　宇田　光

はじめに

　科学や技術の高度化、国際化、高度情報化、また経済の変容など社会の急激な変化や複雑化高度化、国民の教育・文化水準の向上を背景に、地域の人々の学習意欲が増大している。そのため生涯学習においては、教養的内容、実学的内容からより一層高度化、専門化された広範囲の学習内容が求められてきている。地方自治体によるさまざまな生涯学習講座、民間教育事業者によるカルチュアセンター、また高等学校や専門学校による生涯学習、さらには大学・短期大学などの生涯学習講座、大学開放など、今やさまざまな機関や諸施設で、生涯学習活動が展開されている。とりわけ、地域社会においては、高等教育の生涯学習社会における積極的な役割が期待されている現状といえよう。

　また、大学・短期大学への進学率も49％をこえ、これまでの推移から、やがて50％をこえることが容易に推測される。M・トロウのいう、ユニヴァーサル型の時代を大学は迎えることになるであろう。そうした時代になれば、高等教育機関は生涯学習機関としての性格を一層強くもつことになる。

　最近、地方自治体による大学との連携がさかんに進められ、産・官・学の協同・連携の動向が活発化している。生涯学習の面でも地方自治体をはじめ地域の諸団体との連携が進んでいる。また、18歳人口減による大学生き残り策として、大学経営の観点から、大学のイメージアップの面からも、地域住民に対する生涯学習講座を大学が開講する傾向もある。以上のことからも、教育・研究・生涯学習（社会的サービス）を根本機能として、開かれた大学

としての役割が期待され、また求められているといえる。これまで大学は、社会人特別選抜や通信制課程、昼夜開講制の課程、放送大学の拡充などを進めてきた。また、大学はこれまで社会人を対象とした教養的なものから専門的な内容にいたるさまざまな講座を開講したり、正規の授業科目を社会人に開放するなど開かれた大学づくりに積極的に取り組んできている。

　生涯学習社会における大学の役割を果たしていくためには、高度で専門的、体系的な学習ニーズに応え、体系的、継続的な学習機会を充実・強化していく必要がある。また、専門的、職業的な分野などだけに限らず、趣味、教養などの広範な学習分野をも充実するなど、開かれた大学への取組みが今や不可欠であろう。そのため、大学では生涯学習の内容を検討し、計画、実施していくための部局として、「大学開放センター」「生涯学習センター」などを設置しているところも多く、今後、こうした傾向は一層促進されると考えられる。ただ、センターの運営面で、とりわけ、専任の教職員の不足、また専用施設等の不備や生涯学習講座開設に要する経費など予算面の問題などが指摘されているのも事実であろう。

　生涯学習社会において、大学が地域の人々の多様な学習ニーズに応えていくためには、教育の機関から学習の場としての役割を果たしていくことが求められる。また、大学が地域社会に提供するプログラム作成に、学習者が参画することのできる体制づくり、さらには、大学が地域社会の研究、教育、文化的活動を支援することなどが大切であろう。私どもの体験でも、生涯学習参加者の高齢化や地域住民の学習ニーズの的確な把握などの課題を身近に感じている。

　本章では、各大学・短期大学の大学開放（生涯学習）への取り組みの実態や課題を考えていく。具体的には大学開放センター（生涯学習センター）設立の目的や、組織・運営また公開講座など生涯学習の内容とそうした内容の決め方、とりわけ地域の学習ニーズの反映の方法など、そのほか、地方自治体との連携や今後の生涯学習活動のあり方など、調査を通して生涯学習社会における大学の役割、その現状と課題について考察する。最後に、今回の「大学開放に関するアンケート調査」にご協力いただきました国公立大学、

5章 大学開放センターの発展　185

私立大学の大学開放センター（生涯学習センター）関係の諸先生に心からお礼申し上げます。

方　　法

1．調査対象

　全国の大学・短大の「大学開放センター」、「生涯学習教育研究センター」、またはこれに類する名称をもつ組織を選び、これらを対象とする。山本（1998）の1995年度における調査では、大学開放を目的とした組織を持つ大学は、全体の約1割であったという。全国の大学・短大総数から推測して、1996年以降設立の分を含めた総数でも、センターは150以内にとどまると思われた。そこで、調査目的と調査対象の規模から判断して、全数調査を実施することにした[1]。実際の発送数は予想を上回り、173件となった。

　「全国大学一覧」等に示されたセンターの名称により、把握できた全てのセンターに調査用紙を発送した。具体的には、次の手順を踏んで、発送先リストの作成をおこなった。

　国立大学：　「全国大学一覧」平成11年度版による。その「大学付属施設一覧」から、センター名称を手がかりとして、大学開放にかかわる組織を拾い出した。宛先は、センター長がほぼ判明したため、そのお名前とした。

　公立、私立大学、短大：　山本（1998）を参照して、全国のセンターを持つ大学・短大を拾い出し、「全国大学一覧」・「全国短大一覧」で住所を調べて、リスト作成する。また、一方で既存の「センター」と同じ名称をもつ他大学のセンターを、インターネット上で検索し、リストに加えた[2]。この段階で、名称は同じでも、別の目的で設置されているセンターが含まれることが判明した。「エクステンションセンター」の名前で、学内向けの資格取得の講座を運営している組織などがこれにあたる。[3]センター長のお名前がわからなかったので、宛先は、「センター御中」とした。

2．実施時期・手続き

　1999年10月中旬から11月、郵送法で実施した。調査票・依頼状に返送用の

封筒を、切手貼付のうえ同封した。今回の調査は、限られた数のセンターのみを対象とする。そこで、高い回収率をめざして、発送1週間後にハガキによる督促もおこなった。

3．調査内容

調査の名称は、「大学開放に関するアンケート調査」である。なお、調査目的として「全国大学・短大　大学開放センター一覧」作成も予定していることをつけくわえた。

山本（1998）の用いた項目などを参考にして、調査項目を作成した[4]。センターの現状、今後の課題の双方にかかわって質問を配した。

4．回収数・回収率

国・公立大学32件（97％）、私立大学88件（79％）、短期大学16件（55％）の回答を得た。なお、調査票返送に際して、参考資料の添付をお願いしたところ、公開講座の案内など、多数の資料が寄せられた。

結　果

1．設立目的

社会的サービスのためが国公立大学（以下、国公立と略す）、私立大学・短大（以下、私立と略す）ともに多く、80％近くを示している。国公立の回答が多かったものは大学開放調査研究（国公立56％、私立9％）と教育研究の向上（国公立59％、私立45％）で、逆に私立が多かったものはイメージアップ（国公立6％、私立40％）であった。また、回答数は少ないながら、学生募集、収益をあげるが、私立でそれぞれ7％、6％であったのに対し、国公立の回答は両者とも0％であった。（図1）

2．施設・スタッフ

専任教員を擁している率は、国立が71％、私立12％と特徴的である。専用施設・教室を持っている率も国立59％、私立44％と国立の方が多い。逆に専

図1 設立目的

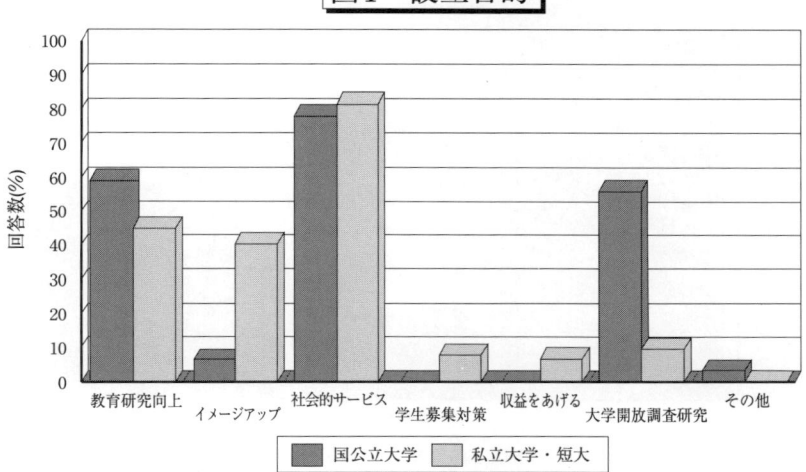

凡例: 国公立大学 / 私立大学・短大

横軸項目: 教育研究向上, イメージアップ, 社会的サービス, 学生募集対策, 収益をあげる, 大学開放調査研究, その他

縦軸: 回答数(%)

図2 施設・スタッフ

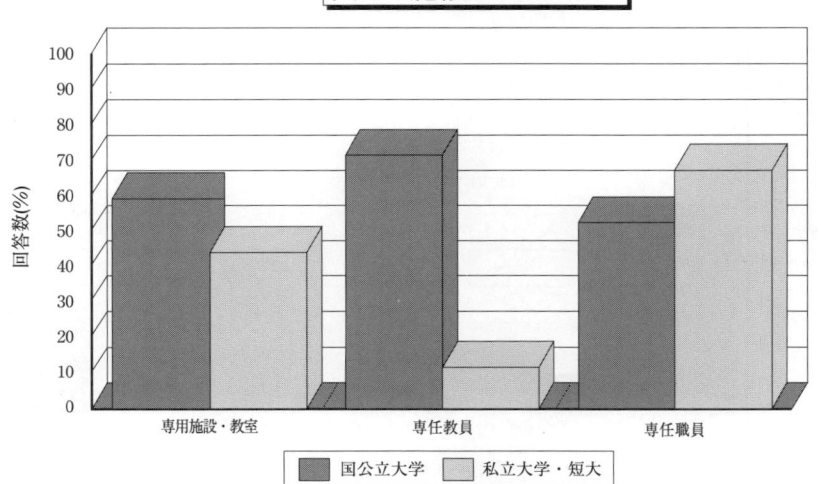

凡例: 国公立大学 / 私立大学・短大

横軸項目: 専用施設・教室, 専任教員, 専任職員

縦軸: 回答数(%)

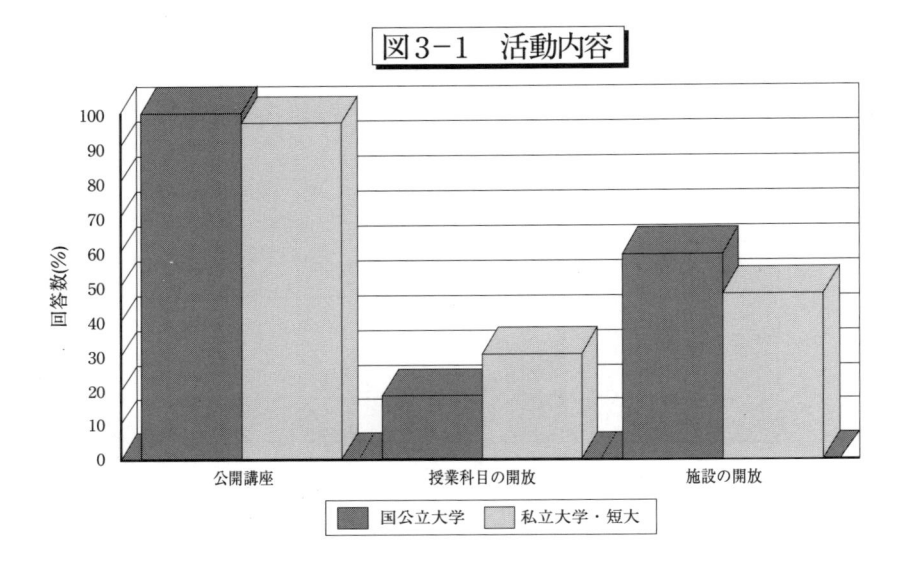

図3-1 活動内容

回答数(%)

公開講座　授業科目の開放　施設の開放

■ 国公立大学　□ 私立大学・短大

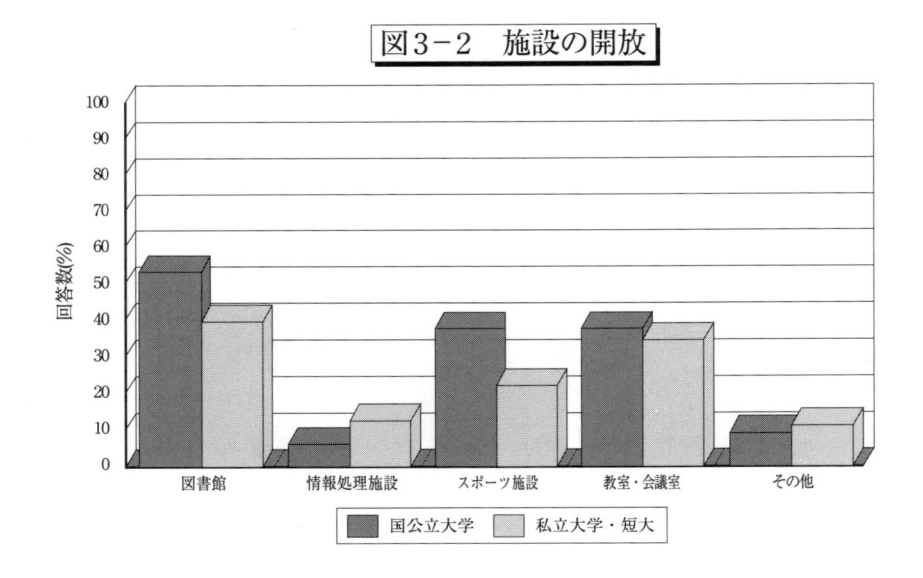

図3-2 施設の開放

回答数(%)

図書館　情報処理施設　スポーツ施設　教室・会議室　その他

■ 国公立大学　□ 私立大学・短大

任職員は国立53%、私立68%と私立の方が多くなっている。(図2)

3. 活動内容

　公開講座が国公立100%、私立97%と、両者とも圧倒的に多い。施設の開放は国公立59%、私立48%、授業科目の開放は国公立18%、私立30%という結果であった。(図3-1)

　開放施設の内訳は、図書館が最も多く、国公立53%、私立39%であった。また情報処理施設（国公立6%、私立12%）以外は、スポーツ施設（国公立37%、私立22%）、教室・会議室（国公立37%、私立34%）に関しても国公立の方の開放率が高い。(図3-2)

4. 公開講座

　開催場所は国公立、私立ともにほぼ90%が学内である。学外開催に関しては国立65%、私立39%と、国公立の率が高くなっている。受講料の徴収は国公立75%、私立69%と国公立の方がやや多いが、教材費の徴収は国公立28%、私立51%と私立の方が多くなっている。また、講師に関しては、学内講師（国公立100%、私立94%）、学外講師（国公立75%、私立76%）という結果であった。(図4-1)

　開講科目は現代的課題（国公立84%、私立62%）、一般教養（国公立81%、私立75%）が高い率を占めている。全般的に国公立の方が率が高いが語学（国公立34%、私立50%）と趣味（国公立18%、私立31%）は私立の方が高くなっている。(図4-2)

　講座内容の決定については、委員会での協議（国公立81%、私立79%）が最も多い。過去の参加者へのアンケート（国公立59%、私立50%）も過半数に達している。(図4-3)

　過去の受講者へのフォローアップとしては、大学の情報を受講者に発信が、国公立50%、私立48%となっている。(図4-4)

図4-1 公開講座

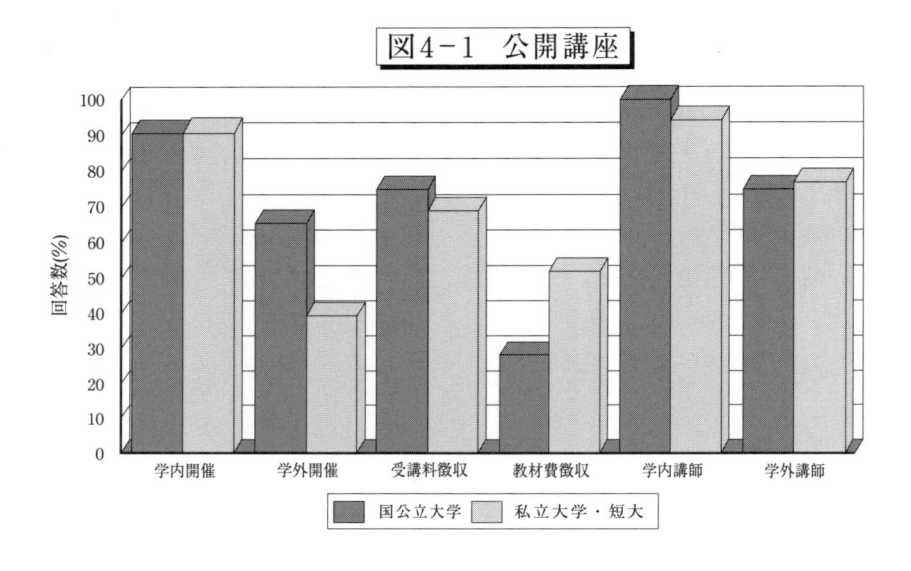

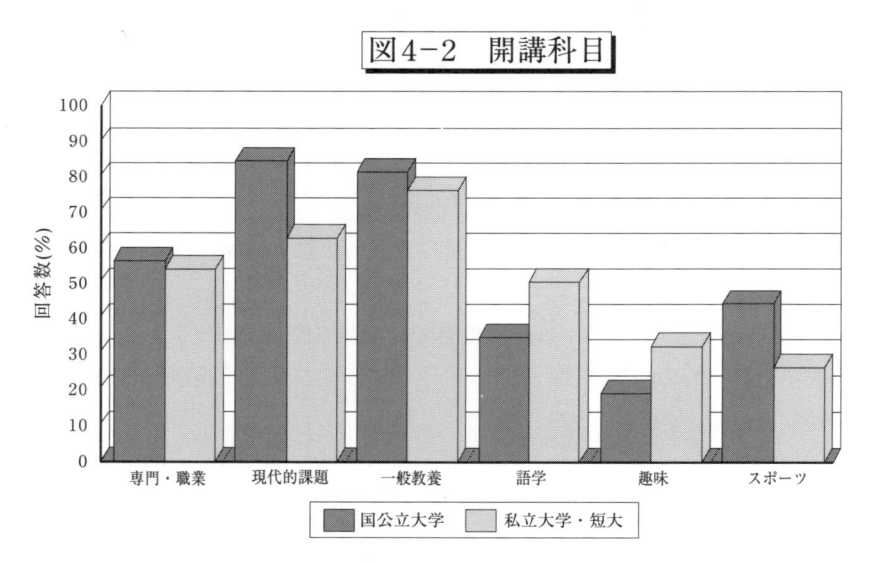

図4-2 開講科目

図4-3 需要調査の方法

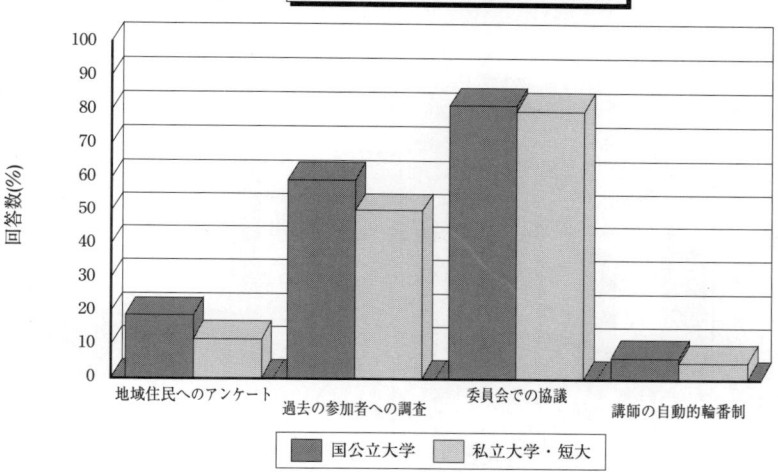

地域住民へのアンケート／過去の参加者への調査／委員会での協議／講師の自動的輪番制

国公立大学　私立大学・短大

図4-4 フォローアップ

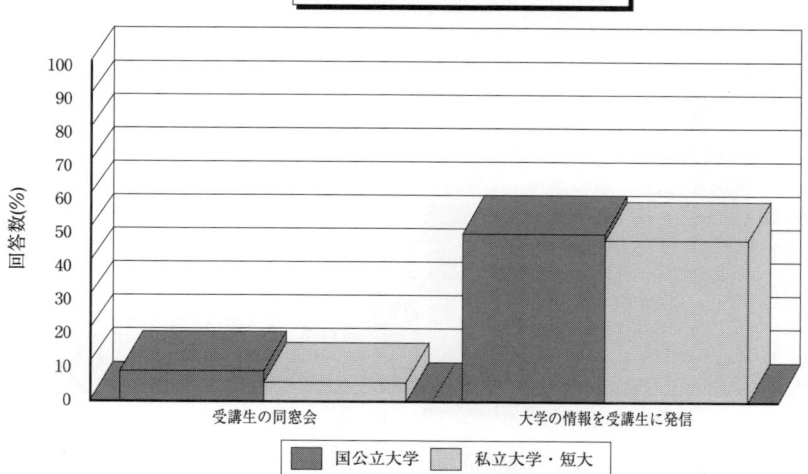

受講生の同窓会／大学の情報を受講生に発信

国公立大学　私立大学・短大

図5　組織活動のPR

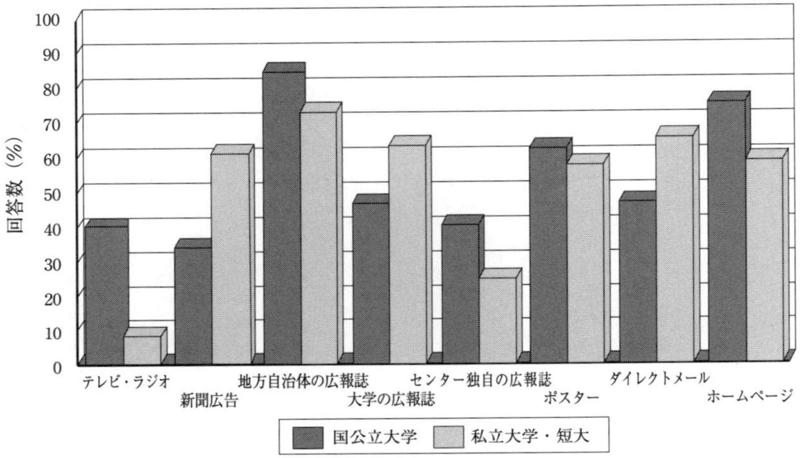
回答数（%）
100
90
80
70
60
50
40
30
20
10
0
テレビ・ラジオ
新聞広告
地方自治体の広報誌
大学の広報誌
センター独自の広報誌
ポスター
ダイレクトメール
ホームページ
国公立大学
私立大学・短大

図6　地方自治体等との連携

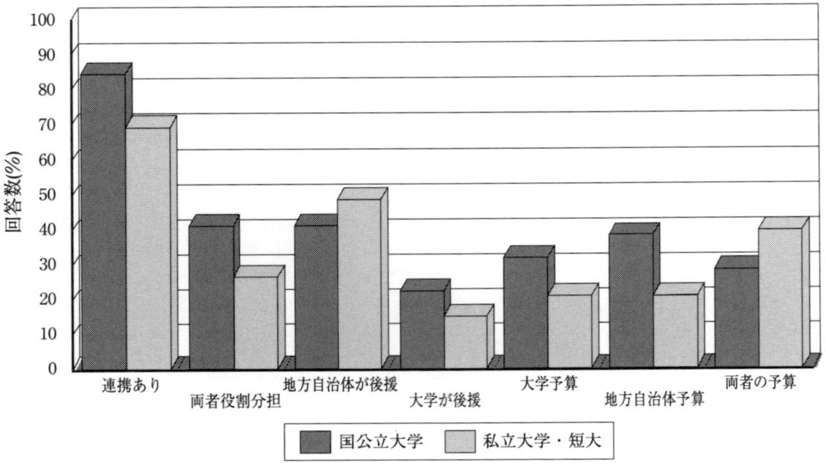
回答数(%)
100
90
80
70
60
50
40
30
20
10
0
連携あり
両者役割分担
地方自治体が後援
大学が後援
大学予算
地方自治体予算
両者の予算
国公立大学
私立大学・短大

図7　今後の活動

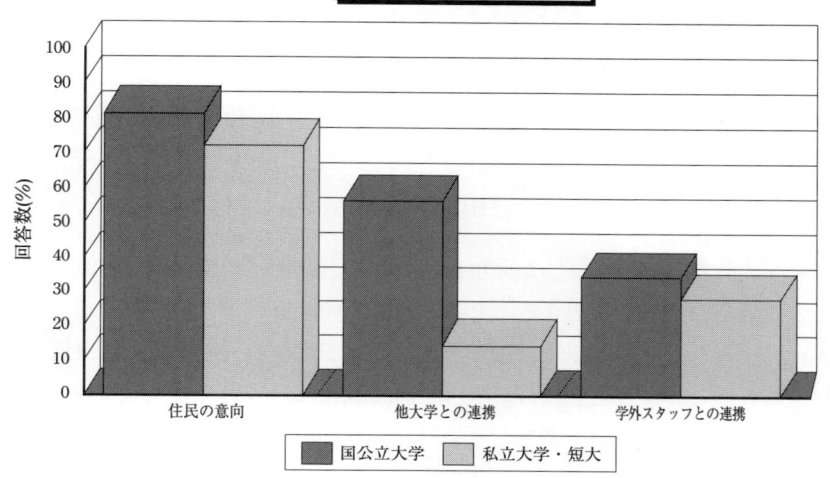

　　　■ 国公立大学　　■ 私立大学・短大

5．組織活動のPR

　地方自治体の広報誌に掲載が最も多く、国公立84％、私立73％となっている。また、国公立の方の比率が高いものとして他にインターネットのウェブページ（国公立75％、私立58％）、センター独自の広報誌（国公立40％、私立25％）、テレビ・ラジオ（国公立40％、私立8％）、などがある。逆に私立が高いものは、ダイレクトメール（国公立46％、私立65％）、大学の広報誌（国公立46％、私立63％）、新聞広告（国公立34％、私立61％）であった。（図5）

6．地方自治体等との連携

　連携して開催と回答したのは、国公立84％、私立69％であった。連携がある場合、役割分担して開催が国公立40％、私立25％となっている。また、その際の形態として、地方自治体が後援・協賛（国公立40％、私立48％）、大学が後援・協賛（国公立21％、私立14％）で、予算の出所は大学（国公立31％、私立20％）、地方自治体等（国公立37％、私立20％）、共同出資（国公立28％、私立39％）という結果であった。（図6）

7. 今後の活動

　住民の意向をできるだけ踏まえて活動（国公立81％、私立72％）、他大学との連携（国公立56％、私立14％）、学外スタッフとの連携（国公立34％、私立27％）となっている。特に他大学との連携に関し、国公立と私立に大きな差がみられるのは特徴的である。（図7）

自由記述まとめ

　今回の調査では、いくつかの項目について自由記述の欄が設けられたが、ここではその内容を報告するとともに統計上の調査結果との関連を調べたい。既に述べられているように、近年急速に進んだ大学の大衆化は、研究機関としての大学という意義を維持しつつ、単に教育だけにはとどまらない情報提供の場として自学者の支援を行う施設という機能も有するようになっている。それに伴い、専門的な学習ニーズに応えるばかりでなく、これまで大学ではあまり評価されてこなかった大衆の教養の底上げに関与するために広範囲の学習分野を拡大し、自学者に対して理解可能な限りでの学際的知識を伝達することも自覚されている。こういった新しい大学の使命は、大学の大衆化と並んで認められつつある大学における生涯学習というスローガンによって、さらに多岐に渡るものとなっている。こうした事柄に対する認識は、今回の調査でも明らかに認められるものであった。ただ、大学を取り巻く事情は、特に私立大学において厳しいものとなっており、そうしたことも大学開放という取り組みに特別の意味を与えるものとして捉えることができる。

　調査での大学開放の目的は、数量的には社会的サーヴィスの充実と教育研究の向上が目立っていた（図1設立目的）が、自由記述でこの結果は社会人（あるいは地域住民）と学生の学習ニーズへの対応として現れていた。例えば、指導者育成や社会人に対する学習相談、社会教育など、学外の学習者に対して向けることを目的としている場合と、「学生のレベルアップ、学生の教育支援」という目的でなされている場合であり、これら二つは自由記述の中での際立った傾向であった。一方で、調査結果ではその目的を「イメージアップ」として捉える傾向もあり、これは特に私立大学に顕著であったが、

自由記述で見る限りではわずか2件、「大学の広報活動」として回答されたにすぎなかった。具体的な記述では、次のようなものである。「大学が学生を選ぶ時代は終わり、今や学生が大学を選ぶ時代に入っており、大学自身が良いイメージを作ることに四苦八苦している。そのイメージアップに一役買っているのが生涯学習としての公開講座であると思う。学生の両親あるいは祖父母が学んでいる学校がその人々によいイメージを与えられれば、学生に対しても良いイメージを与えることとなり、学生確保に多大な影響を及ぼすことになると考える」。

　このような学外及び学内の学習者に対する能力向上の機会の提供は、生涯学習センターが行う活動内容にもある程度反映されている。例えば、社会教育主事講習や指導者、ボランティアの研修、各種資格取得対策を中心とした課外講座、人的派遣事業（オープン化）など継続教育に関するもの、公開講座・公開講演会や通信教育、心理相談、地域福祉活動、地域協力事業、国際交流事業、キャンパス開放など地域の住民に対してなされるものがそうであった。ただ、このように学外へ向けての活動は数多く列記されていたが、学内の学習者に対する具体的な取り組みは、推測される資格取得対策を除いては、あげられていなかった。この点を考慮する限りでは、文字通り大学開放が「外へ向けて」のそれであって、学内と学外それぞれの学習者を結びつけるところまでは進んでいないと言えるであろう。なお、大学開放が多種多様な人々を、こういう言い回しが許されるなら「巻き込んで」行われている好例として、自由記述では「幼児グループ」があげられていた。これは「2、3歳児若干名とその母親を対象に、子どもたちには仲間と遊ぶ機会を、母親には母親相互の情報交換」を行い、同時に「講師を交えての懇談の場を提供する」というものであった。あくまでも推察に過ぎないが、「幼児グループ」のような形での大学開放は、教員が育児相談によって学外に寄与しうるだけでなく、大学という場が地域の交流をも推進すると同時に、幼児の遊ぶ機会の提供に学生たちも関与する機会を提供することが可能で、こうした点で総合的な開放であると言えるであろう。このような形態にさらに老人福祉なども関連させていけば、教員、学生、地域の連関は強まると予測し得るからで

ある。これは単に幼児のように対象年齢を限定せずに、それぞれの大学スタッフに応じて、年齢の拡大を図りつつ実施することも可能であろう。こうした点からも「幼児グループ」は大学開放の可能性を展開させる一例として考えることができるものであった。

　ところで、学外学習者に対して提供される公開講座の内容は以上のような事情と多少とも関連性を持っていると考えられる。確かに、「地方自治体の教育委員会との協議」や「学外財界人」や「有識者懇談会の意見」の聴取、「受講生からのアンケートを参考にする」など大学と学外の連携を保ちつつ大学開放が行われているところもあったが、自由記述に見られる多くは、学外を考慮しながらも大学内で独自に決定されるケースが多いようであった。それは、例えば、「担当者が検討」したり、「アンケートを各委員に配布し、それを参考に各学部での講師を定め」たり、「学長及びスタッフ」によったりするなど、どちらかと言えば学内独自での決定が強い傾向にあり、「外へ向けて」の開放が一方通行的であることを垣間見ることができた。このような大学「内部での」協議と大学「からの」発信という、いわば不可逆的な傾向は、図4－3「需要調査の方法」や図4－4「フォローアップ」にも見られるものである。大学開放が総合的な教育機会の場であり、自学者の主体的なニーズとそれに対する（大学教員、職員、学生をも含めた）積極的な応答を前提として展開すべきだとすれば、この一方交通路は改善の余地があると言わねばならないだろう。このような認識は自由記述の中にも見られたことであった。例えば、「この後の展開」の自由記述部分では「生涯学習の推進」が「大学全体として関与すべき」であると明言されていた。また、「運営・計画等の問題点」でも「全学的な大学開放」、「一方向の講義ではなく、少人数による双方向のものを今後検討したい」など、今述べた問題性がはっきりと意識されていた。

　しかしながら、このような「大学全体としての関与」は様々な理由から困難な状態にあるのが現状のようである。「（生涯学習）センターに大学全体に関わる企画権」や「公開講座に関する委員会」がない場合があり、「大学全体としての意志統一がない」ケースが見られた。一方で「学内の教員による

協力体制がまだ十分でなく」、「教官から自発的に公開講座が企画されること」も少なく、独立したセンターの場合にはテーマ決定から、講師折衝まですべてを担う点を嘆く意見もあった。また、通常望ましいとされているのとは反対に「専門の職員がいることで、事業の拡大、深化が図りにくい」というものもあった。生涯学習センターが独立した単位であるかどうかの是非は、ここでは不問に付すとしても、大学開放が全学的な取り組みとしてはまだ実現していないことがうかがわれる。さらに、受講者の増加という喜ばしい問題を上げた大学があった一方で、学外の参加者の「高齢化が著しい」という十分予想された記述に典型的に現れているように、大学開放が必ずしも地域住民の希望を全面的に受け入れるところまで達していないことも、全体としての関与を難しくしている要因であると考えられる。

　このような現状を打開する方策として、自由記述で述べられていたのは、センター所属教員や職員の充実、大学外における専門スタッフの配置、教育委員会やNPO、地方商工会議所、地方自治体関連施設との連携、他大学との協力、ボランティアの協力などがあった。つまり、大学全体としての関与をさらに高めるために、各大学以外との協力体制を強めようとする傾向が一般的であった。また、学外の受講者層を拡大する方策としては、先に挙げた資格・検定試験講座の開設や「幼児グループ」、心理相談の他、学問研究の一端に触れるための「高校生に対してなされるセミナー」の実施、「小中学生向けのロボットセミナー」、子どもを対象にした理科実験講座の開催、在学生と社会人がともに受講する講座の設置、卒業生へのアフターケア、会員制の導入、通信衛星やテレビ電話の活用による遠隔地生涯学習講座の実施など、多種多様な対処が記述されていた。ここで特徴的なことは、大学開放が単に知識の開放を意味するだけでなく、教育以外の側面をも打ち出していることであろう。例えば、それぞれの大学の特性を生かした対応として、「病院と共催で医療講座」を開催したり、福祉や相談など「心の講座」ないしは相談事業に類するものなどがそうであった。この意味で大学開放における大学は、研究、教育（知識伝達）と並んで「生きることへの支援」とでも言えるような第三の機能を持ち始めていると言えるかもしれない。少なくとも、

大学が生涯学習を単なる「教える―学ぶ」の関係で捉えず、あるいはそれを前提としながらも、広い意味での知的人格的援助という全体的な関係で把握するならば、大学開放は必然的にこれまでの大学の機能とは別のそれを持たねばならないであろう。これは図7にもはっきりと示されている。現在どちらかと言えば、学内での連携に重心がある大学開放は、今後の活動として「住民の意向」を重視する傾きが顕著であった。そして、自由記述にはそのような各大学の意志を読みとることができた。とはいえ、多くの機能を有するに至った大学が望ましい大学開放を実現するには、物理的な問題が避けられないことも明らかである。自由記述の中で徹底して優位を占めていた問題認識には次のようなものがあった。ここでは問題をあげるにとどめたい。すなわち、資金不足、スタッフ不足、施設不足（使用教室の確保、専門棟の問題）の3つである。

　さて、これまでにも多少とも触れてきたことだが、自由記述における最後の項目「生涯学習時代の大学のあり方」については、大学それぞれにかなりな記述の回答があり、それには各大学の特質に基づいた様々な視点にしたがって、いくつかの類型化が可能であった。そのような視点には、「知的財産の開放」、「大学の生き残り」、「地域社会の活性化」、「大学自体の質的向上」、といったものがあった。これを順に見ていけば、「知的財産の開放」では、大学があくまでも高等教育機関であることを前提として[5]「高等教育機関のネットワーク化による学習機会の充実」を図ること、「公民館やカルチャーセンターなど各種生涯学習の一翼を担う機関」として役割分担をしていくことなどの連携体制強化が提案されていた。生涯学習を大学の生き残りとして考える視点では、「働く者、地域住民のニーズに応え、大学が地域にあって存在感のあるものになることが、今後の大学の生き残りに不可欠なものとなる」とし、地域や他大学との連携を探ろうとする意見があった。これは私立大学に限られたことでなく、独立行政法人化など「国立大学の生き残りという意味でも、地域との連携は欠かせない」とされている。また、最も多く見られた「地域社会の活性化」という視点からは、「大学が限られた学生の教育から広く社会に対して貢献することが強く求められて」おり、そうした状

況下で積極的な社会的使命を果たして行くべきと考えられていた。以上、3つの視点では、生涯学習を大学の新しい機能であると捉え、それが効果的に働くように大学間での相補的な関係を築くとともに、他の諸機関との連携を強めることが共通して観察される。一方、第4の視点、つまり「大学自体の質的向上」という視点には、確かに大学のイメージアップという利害が見られないではないが、大学が一定年齢集団の学生たちだけでなく、幅広い年齢層に対して開かれることで研究と学生教育ではなく、研究と（学生教育をも含めた）生涯学習という新しい2つの機能へと収斂させようとする意図を垣間見ることができた。例えば「地域住民と大学生がともに学べ、望ましい社会を作る努力の中心になること」や「生涯学習などで、大学を開放し、地域になくてはならぬ存在となることが、これからの大学の大きな使命であると思う。ひいては、それが大学の評価を高め、教員の教育研究の質や分野を向上させ、領域を広げる契機になると思う。極端な言い方をすれば、今後の大学の存立にも関わる重大なことではないかと考えている」という記述がそうであろう。しかしながら、一方では生涯学習を重視しながらも、それが明瞭に意識化されていないことを指摘する意見もあった。少々長いがここに示せば、「地域密着型を目指し、受講者の多様なニーズに対応する。このことはよく言われるが、この『地域』というものをよく考える必要があるのではないかと思う。住民なのか、企業（職業人）なのか、学生なのか等々。ニーズが多様で高度になってきているので、その対応が課題と考えている」。あるいは、「『広く地域に根ざした』あるいは『開かれた』大学を、といわれて久しいが、単に地域の人を対象にした講座、セミナーをやればいいという時代は、過ぎ去ってしまった。本当に『開かれた』というのは、どういうことなのだろうか」。確かに生涯学習が学生教育と並ぶ、あるいはそれをも包含する大学における教育活動であるとする認識や地域、他大学との連携の要請は意識されているが、これらの記述は「地域」に「開かれて」あることの意味ないしは教育学的な概念規定が不明瞭であることに対する認識を物語るものであろう。各大学が行っている具体的な取り組みが多種に渡っているのも、そのような現状の一端なのかもしれない。

以上生涯学習を中心になされている現在の大学開放に関する自由記述をまとめたが、ここには大学のあり方という根本的な問題も潜んでいるので、この点について触れ、この節の終わりとしたい。
　大学はこれまで高等教育機関としての教育と研究を、ごく限られた人々に対して提供してきた。その点で大学は教育機関の中では最も非民主的なものであったとも言えるわけであるが、既に招来しつつある大学全入時代の到来は、大学の二つの機能、特に教育活動を全面的に見直さざるを得ない状況をもたらしている。こうした状況下において、研究と教育の乖離は今後さらに広がることであろうし、矛盾した関係を作り出すであろう。また、一方で大学の職業教育と学的教育との矛盾もさらに顕在化するであろう。そして、大学の淘汰が進む中で、同時に「大学とは何か」という問いかけもさらに重要なものとなっていくことも間違いない。けれども多少とも楽観的な見方ではあるが、一見したところ矛盾と思われるこうした状況は、当の大学が理念として歴史的に切望していたところのもの、すなわち「自己淘冶としての教養」を多くの人々に与える可能性も持っている。というのも、大学全入は入学が学ぶ者の意志によって決定される状況をもたらし、もちろん大学教員の一般的な改革意識を前提としてではあるが、教養の大衆化は大衆の教養化へと反転する可能性をも含むからである。ヤスパースは『大学の理念』において、後進国であったドイツは、ある種の教養理想を民衆全体に広めることがなかったために、大学は精神貴族主義に陥り教養は個々人の教養としてのみとどまって、結果として国民全体としては無教養であった点を指摘している[6]。現在日本では少子化による大学全入や大学の大衆化によって、少なくともヤスパースが述べた歴史的反省が偶然考慮された状態にあると言えるが、それ故に全入時代の大学、つまり学習要求という誰に対しても認められる権利を民主的に引き受けねばならない大学は、単なる知識としての教養の伝達ではなく、人格的な教養教育、自己陶冶への援助を学習者に行う場として、言い換えれば、先に述べた「生きることへの支援」の場として機能し得るものと考えられる。もし大学教育全般の招来を、例えば学び手の質の低下や学問レヴェルの低下と結びつけて悲観的に語らないとすれば、かつて啓蒙概念

が成長しつつある者にとどまらず、人間一般の成人性（Mundigkeit）を求めていたように、現在の大学は開かれることによって学習者一般の成人性への教育が可能な基盤を持ちつつあると言える。そして、そのような自己陶冶を促進する機能の重要な一端を大学における生涯学習は十分担う能力を持っている。大学の生涯学習は、これまでしばしば嘆かれてきた大学の大衆化とは反対の大衆の大学化を推進する原動力として重要性を持っているからである。したがって、大学は二重の意味合いにおいて開かれていると言えるであろう。すなわち、全入という不可避な出来事によってまず学生に対して、また生涯学習という大学の社会的使命において地域住民に対してである。この二つは人格的教養教育という側面から見た大学の機能であるが、これと並んで従来から行われている職業上の継続教育（リカレント教育）も生涯学習に含むことによりさらに拡大したものとして捉えることもできるであろう。こうした意味において、従来から日本では付加的な「奉仕活動」と考えられがちであった生涯学習[7]という大学開放運動は、決して大学の本務とは別のものなどではなく、またボランティア的な性格を持つものでもなく、むしろ大学教育活動の核心部分を成していると言えるであろうし、また、そのように考えていく必要があるであろう[8]。

　今回の調査における自由記述部分には、大学開放に対する問題性の認識とともに、大学開放を通して大学自体が新しい形態を獲得しようとする意図が十分に垣間見られた。大学開放は新たな「大学の理念」を形成する試みのひとつとして規定することができるであろう。

注
1）この数年間で急速にセンター開設が進んだために、実際の発送総数が150件を越えた。
2）検索エンジンYahoo！を用いて、「生涯学習センター」などをキイワードに国内のサイトを検索した。
3）例えば、「本学のセンターは、大学開放を目的として設立された組織ではあ

りません。よって、回答は見合わせたいと思います」という回答がみられた。なお、松阪大学にも「エクステンション・スクール」がおかれている。これは、公務員への就職希望者、英語検定受検希望者など、資格取得希望者などのための講座を運営している学内向けの組織である。
4）従来の研究では、「公開講座」に焦点を当てて作られた調査項目が、圧倒的に多い。開放活動全般に目を向けた研究は、少ないようである。
5）自由記述の中には、このような伝統的な大学観を墨守しつつ大学開放にあたるべきとする回答があった。すなわち、「大学本来の学術資源のレベルを堅持して提供することを原則とし、受講対象者もその線上で確保する」。
6）カール・ヤスパース『大学の理念』（ヤスパース選集Ⅱ）　森　昭訳、理想社、1970年、74頁。
7）日本の大学開放の特色として、香川正弘は「第一に、大学開放の必要性が大学経営の危機との関連で取り上げられていること、第二に、大学開放は生涯学習の一環として理解されていること、第三に、大学開放は大学の奉仕機能として捉えられていること、第四に、大学開放の定義がすこぶる曖昧であること」をあげている（小野元之、香川正弘編著『広がる学び開かれる大学』ミネルヴァ書房、1998年、229頁）。このような特色は、既に触れてきたように、自由記述中に散見されている。
8）大学の開かれたあり方を生涯学習という側面に絞って考察すれば、情報を提供する側の連携だけでそれが実現可能であるとは考えがたい。自由記述でも指摘されていたように、それは一方向性を克服できないからである。双方向の教育的関係が生じるためには、学生と教師、学び手と教え手といった固定しやすい関係を克服することが必須である。自由記述中の「幼児グループ」に関心が抱かれたのは、この問題に対するある種の解答が察知されたからであった。そのような場では、参加者──ここではもはや受講者という表現は不適であるか知れない──と担当教員の教育的関係は反転可能であり、学び手であると同時に援助者であるような学生の関与によって、学校教育では容易に形成されがたい教育的状況が生まれ得ると思われる。地域のニーズに応えるという大学開放の課題は、教育の双方向的関係を目指すものである以上、関係は常に反転可能でなければならないと思われる。こうした意味で生涯学習をめぐるこの問題は、学生に対して行われている大学教育の問題よりも積極的取り組みが行いやすい状況にあるとも言えるかもしれない。

文献

　加藤幸男　1993　生涯学習と大学——海外に広がる学習機会　早稲田大学出版
　奥島孝康・原輝史　1998　生涯学習と高等教育　早稲田大学出版
　宮坂広作　1997　大学改革と生涯学習　明石書店
　文部省　1999　平成11年度版全国大学一覧
　文部省　1999　平成11年度版全国短大一覧
　瀬島克彰　1998　発展する大学の条件　『大学ビッグバン』　日本地域社会研究所
　山本慶祐　1998　「大学開放の組織と運営——大学公開講座を中心に」（小野元之・香川正弘編著　広がる学び開かれる大学——生涯学習時代の新しい試み　ミネルヴァ書房）

附記

　第5章の内容は、片山尊文他2000　大学開放に関する調査研究——生涯学習社会における大学の役割（松阪大学短期大学部論叢　第38号 1 －19頁）に基づいている。

資料　依頼文

大学開放に関するアンケート調査ご協力のお願い

　大学・短大の「大学開放」のあり方が模索されるなか、生涯学習センターや大学開放センターが次々に誕生しています。しかし、多くのセンターは設立後日が浅く、その実態を広く知られるには至っていません。そこで私たちは、大学・短大のセンターの実態や抱えている課題などを調査することにしました。

　この調査は、全国の国公私立大学・短大の「生涯学習センター」「生涯学習教育研究センター」など、大学開放を目的とする全センターを対象に実施します。(センターの住所は、「全国大学一覧」他に基づいて検索しました。)
　なお、あわせて「全国大学・短大生涯学習センター一覧」を作成いたします。今後の「センター」発展のために有益な資料としたいと考えます。お忙しいところとは存じますが、趣旨をおくみいただいて、是非ご協力をお願いします。

　　「センター一覧」のご送付について
　同封のシールに送り先宛先をご記入のうえ、裏紙をはがさずに返信用封筒に入れて下さい。後日、「センター一覧」および調査結果の概要を、1部進呈いたします。(複数ご希望の場合は、お申し出ください。)
　これを機に、関連機関の連携がさらに深まれば幸いです。

1999年10月
松阪大学　大学教育研究会

連絡先
〒　515-8511　三重県松阪市久保町1846
　　　松阪大学　大学教育研究会
電話　0598-29-1122　FAX　0598-29-1014
E-Mail　uda@matsu.matsusaka-u.ac.jp

研究者代表　宇田　光
中井良宏・片山尊文・山元有一
(松阪大学) (松阪大学女子短期大学部)

大学開放に関するアンケート調査

回答の仕方
- あてはまるものには（　）に○を記入してください。
  （特にことわりがなければ１つのみ）
- 下線部には、具体的にご記入ください。

組織の正式名称と設立年度を選択、ご記入ください。

_____大学
　　（　）生涯学習センター
　　（　）生涯学習教育研究センター
　　（　）エクステンションセンター
その他
_____

設立は、西暦　19___　年

1　センターの設立目的を以下から選んで○をつけてください。
　　　（複数選択可能）
　　　（　）教育研究の向上のため
　　　（　）大学のイメージアップのため
　　　（　）社会的サービスのため
　　　（　）学生募集の対策のため
　　　（　）収益をあげるため
　　　（　）大学開放の調査研究のため
　その他　_____

2　センターの施設やスタッフについてお答えください。

　①　センター独自に利用できる専用の教室や施設がありますか。
　　○をつけてください。・・・・・（ある　ない）

　②　センター専任の教員がいますか。・・・・・（いる　いない）

　③　センター専任の職員がいますか。・・・・・（いる　いない）

3　あてはまる活動内容を選んでください。（複数可）
　　　（　）公開講座の開催
　　　（　）大学の授業科目の開放
　　　（　）大学施設の開放
　　　　・・・・・その場合、開放している施設は、（複数可）
　　　　（　）　図書館
　　　　（　）　情報処理施設
　　　　（　）　テニスコート、グランド、プールなどスポーツ施設
　　　　（　）　教室、会議室など
　　　　（　）　その他の施設　_____
　その他の活動　_____

4 公開講座についてお答えください。

① 公開講座はどこで開かれていますか。 ・・・(学内　学外)

② 現在開講されている科目内容は何ですか。(複数可)
　　(　)専門・職業
　　(　)現代的課題（生命、国際、地域、環境など）
　　(　)一般教養
　　(　)語学
　　(　)趣味
　　(　)スポーツ

③ 受講料を徴収している　・・・・(はい　いいえ)

④ 教材費を徴収している　・・・・(はい　いいえ)

⑤ 講師は　・・・・(学内の教員　学外講師)(複数可)

⑥ 公開講座の内容を決める際に、どのような方法で需要を調べましたか。(複数可)
　　(　　)地域の住民に対するアンケート調査を実施。
　　(　　)過去の講座参加者に対する調査を実施。
　　(　　)委員会での協議
　　(　　)講師が輪番制のため、自動的に決まってしまう。
　その他 _____

⑦ どのようなフォローアップ体制を取っていますか。(複数可)
　　(　　)受講生の同窓会を作っている
　　(　　)大学の情報を受講生に発信している。
　その他 _____

5　組織の活動をPRするために、どのような方法を用いていますか。
　　（複数可）
　　　　（　）テレビやラジオを利用する
　　　　（　）新聞広告等を出す
　　　　（　）地方自治体の広報誌などにのせる
　　　　（　）大学の広報誌にのせる
　　　　（　）センター独自の広報誌を出す
　　　　（　）ポスターを貼る
　　　　（　）ダイレクトメールを送る
　　　　（　）ホームページを開設する
　　その他　_____

6　地方自治体等と連携した形で開催される講座などがありますか。
　　（ある　　ない）

　　・ある場合、それは（県、市町村、NPO）との連携
　　　　（　）役割分担して開催する
　　　　（　）地方自治体が後援や協賛などのかたちをとる
　　　　（　）大学が後援や協賛などのかたちをとる

　　・ある場合、予算の出所は
　　　　（　）大学側から
　　　　（　）地方自治体等の側から
　　　　（　）大学と地方自治体の両方から

7　今後、どのような活動を展開していくおつもりですか。（複数可）
　　　　（　）住民の意向をできるだけ踏まえて活動する。
　　　　（　）他大学等との連携を図る。
　　　　（　）学外のスタッフとの連携を図る。
　　その他　_____

5章 大学開放センターの発展

8 現在のセンターの運営、講座内容の計画・実施などについて、問題と思われることがあれば、お答えください。

_____

9 他大学の同様のセンターと比べて、**貴センターの特徴**があればお答えください。

_____
_____

10 生涯学習時代での、**地域における大学のあり方**について、ご意見がありましたら、以下に自由にお書き下さい。

〈ご協力まことにありがとうございました。〉

　同封の封筒でご返送ください。なお、貴センターの<u>概要を示す簡便な資料等</u>がありましたら、同封して頂けると幸いです。
　また、「センター一覧」・調査の結果概要の送付を希望される方は、**<u>同封の白いシール</u>**にボールペンなどで住所、氏名を御記入のうえ、裏紙をはがさずに同封してください。

全国大学・短大 大学生涯学習センター一覧

2000年3月

松阪大学
大学教育研究会

・全国の大学・短期大学が開設している、大学開放のためのセンターの一覧です。（名称には、生涯学習教育研究センター、エクステンションセンターなどが用いられています。）

・住所、電話番号は、文部省（当時）の平成11年度版「全国大学一覧」・「全国短大一覧」に基づいており、本研究会で、1999年10月に実施した調査に基づいて、修正が加えられています。電話番号は、センター直通である場合はそちらを優先しています。センター直通の番号がないか不明の場合、大学の代表番号が記載されています。

・形式上、大学と短大（または短大部）の双方にセンターが設置されており、実態として同一組織である場合は、原則として大学のセンターとして表示してあります。

5章 大学開放センターの発展　211

整理番号		大　学　名	センター名（施設長）	郵便番号	住　　所	電話番号	FAX
		〈国立大学〉					
1	ホ	北海道大学	高等教育機能開発総合センター	060-0808	札幌市北区北八条西4	011-716-2111	
2	ヒ	弘前大学	生涯学習教育研究センター（佐藤三三）	036-8224	青森県弘前市文京町1	0172-36-2111	
3	ト	東北大学	大学教育開放センター（不破和彦）	980-0862	仙台市青葉区川内	022-717-7800	
4	フ	福島大学	生涯学習教育研究センター（新谷崇一）	960-1296	福島県福島市松川町浅川字直道2	024-548-8005	024-548-3180
5	イ	茨城大学	生涯学習教育研究センター（朝野祥一）	310-0056	茨城県水戸市文京2-1-1	029-228-8111	
6	ウ	宇都宮大学	生涯学習教育研究センター（平川晋吾）	321-0943	栃木県宇都宮市峰町350	028-649-5114	
7	ト	富山大学	生涯学習教育研究センター（米田政明）	930-0887	富山県富山市五福3190	0764-45-6956	
8	カ	金沢大学	大学教育開放センター（宮下孝晴）	920-1164	石川県金沢市角間町	076-264-5271	
9	シ	静岡大学	生涯学習教育研究センター（岡田巌太郎）	422-8017	静岡市大谷836	054-237-1111	
10	シ	滋賀大学	生涯学習教育研究センター（佐岡英数）	520-0862	滋賀県大津市平津2-5-1	077-537-7701	
11	オ	大阪教育大学	生涯学習教育研究センター（村上博光）	543-0054	大阪市天王寺区南河堀町4-88	0729-78-3219	
12	ワ	和歌山大学	生涯学習教育研究センター（山本健慈）	641-0051	和歌山県和歌山市高松1-7-20	0734-27-4623	
13	シ	島根大学	生涯学習教育研究センター（畑　克明）	690-0823	島根県松江市西川津町1060	0852-32-6100	
14	ト	徳島大学	大学開放実践センター（西村捷敏）	770-8502	徳島県徳島市南常三島町1-1	088-656-7276	
15	カ	香川大学	生涯学習教育研究センター（寄田啓夫）	760-8521	香川県高松市幸町2-1	087-832-1273	087-832-1275
16	コ	高知大学	生涯学習教育研究センター（村瀬儀祐）	780-8520	高知市曙町2-3-1	0888-44-0111	
17	ナ	長崎大学	生涯学習教育研究センター（猪山勝利）	852-8131	長崎県長崎市文教町1-14	095-847-1111	
18	オ	大分大学	生涯学習教育研究センター（佐藤新治）	870-1192	大分県大分市旦野原700	097-554-7641	097-554-7641
19	ミ	宮崎大学	生涯学習教育研究センター（緒方明夫）	889-2192	宮崎県宮崎市学園木花台西1-1	0985-58-7427	0985-58-7430
20	リ	琉球大学	生涯学習教育研究センター（芳澤　毅）	903-0129	沖縄県中頭郡西原町千原1	098-895-2221	

整理番号		大学名	センター名（施設長）	郵便番号	住所	電話番号	FAX
		〈公立大学〉					
21	ト	東京都立大学	財団法人都民カレッジ	192-0397	八王子市南大沢1-1	0426-77-1111	
22	ト	東京都立科学技術大学	科学技術交流センター	191-0065	東京都日野市旭ヶ丘6-6	042-585-8600	
23	ヨ	横浜市立大学	よこはまアーバンカレッジ	236-0027	横浜市金沢区瀬戸22-2	045-787-2311	
24	ヒ	広島市立大学	学術交流センター	727-0023	広島県庄原市七塚町562	0824-7-1700	
25	ヒ	広島女子大学	生涯学習教育研究センター	734-0016	広島県広島市南区宇品東1-1-71	082-251-5178	
26	マ	前橋工科大学	交流センター	371-0816	群馬県前橋市上佐鳥町460-1	027-265-0111	
27	フ	福井県立大学	交流センター	910-1195	福井県吉田郡松岡町兼定島4-1-1	0776-61-6000	
28	シ	静岡県立大学	生活科学研究センター	422-8002	静岡県静岡市谷田52-1	054-264-5102	
29	シ	滋賀県立大学	交流センター	522-0057	滋賀県彦根市八坂町2500	0749-28-8200	
30	オ	大阪市立大学	文化交流センター	558-0022	大阪市住吉区杉本3-3-138	06-6605-2011	
31	コ	神戸商科大学	経済研究所	651-2197	神戸市西区学園西町8-2-1	078-794-6161	
32	シ	下関市立大学	附属産業文化研究所	751-8510	山口県下関市大学町2-1-1	0832-52-0288	0832-52-8099
33	オ	沖縄県立芸術大学	附属研究所	903-0812	那覇市首里当蔵町1-4	098-831-5000	
		〈私立大学〉					
34	シ	芝浦工業大学	芝浦工業大学生涯学習センター	108-8548	東京都港区芝浦3-9-14	03-5476-2938	03-5476-2949
35	チ	中央大学	中央大学クレセント・アカデミー	192-0351	八王子市東中野742-1	0426-74-2267	
36	キ	京都産業大学	京都産業大学生涯学習センター	603-8555	京都市北区上賀茂本山	075-705-1476	
37	チ	中京大学	エクステンションセンター	466-0825	名古屋市昭和区八事本町101-2	052-832-2151	
38	ダ	大阪文化大学	大阪文化大学エクステンションセンター	175-0082	東京都板橋区高島平1-9-1	03-5399-7333	
39	シ	淑徳大学	学校法人大乗淑徳学園淑徳エクステンションセンター	260-0812	千葉県千葉市中央区巌寺町200	043-265-7331	

5章　大学開放センターの発展　213

整理番号		大学名	センター名（施設長）	郵便番号	住　所	電話番号	FAX
40	モ	桃山学院大学	桃山学院大学エクステンションセンター	594-1198	大阪府和泉市まなび野1-1	0725-54-3131	0725-54-3294
41	チ	中央学院大学	中央学院大学アクティブセンター（生涯学習センター）	270-1163	千葉県我孫子市久寺家451	0471-83-6501	
42	ラ	酪農学園大学	酪農学園大学エクステンションセンター	067-0002	北海道江別市文京台緑町582	011-386-1111	
43	ア	愛知淑徳大学	エクステンションセンター	480-1197	愛知県愛知郡長久手町長湫片平9	0561-61-1067	0561-61-0197
44	ト	東京理科大学	東京理科大学生涯学習センター	162-0825	東京都新宿区神楽坂1-3	03-3260-4271	
45	ナ	南山大学	南山大学・南山短期大学コミュニティカレッジ	466-8673	名古屋市昭和区山里町18	052-833-6957	
46	キ	清泉女子大学	清泉ラファエル・アカデミア	141-8642	東京都品川区東五反田3-16-21	03-3447-5551	
47	ニ	日本福祉大学	日本福祉大学生涯学習センター	470-3233	愛知県知多郡美浜町奥田会下前35-6	0569-87-5730	0569-87-5712
48	ニ	日本工業大学	日本工業大学生涯学習センター	345-8501	埼玉県南埼玉郡宮代町学園台4-1-1	0480-34-4111	
49	サ	産能大学	産能大学エクステンションセンター	259-1141	神奈川県伊勢原市上粕屋1573	0463-92-2211	
50	チ	中部大学	地域交流・生涯学習センター	487-8501	愛知県春日井市松本町1200	0568-51-1111	0568-51-1141
51	ナ	名古屋芸術大学	名古屋芸術大学生涯学習センター	481-0006	愛知県西春日井郡師勝町熊之庄古井280	0568-24-0315	
52	シ	昭和女子大学	昭和女子大学オープンカレッジ	154-0004	東京都世田谷区太子堂1-7-57	03-3411-5111	
53	ト	東北福祉大学	東北福祉大学生涯学習センター	981-0943	宮城県仙台市青葉区国見1-8-1	022-233-3111	
54	キ	九州共立大学	九州共立大学・九州女子大学・九州女子短期大学生涯学習研究センター	807-8586	福岡県北九州市八幡西区自由ヶ丘1-1	093-691-6550	
55	ヒ	広島文教女子大学	生涯学習教育研究センター	731-0222	広島市安佐北区可部東1-2-1	082-814-3191	
56	イ	石巻専修大学	石巻専修大学開放センター	986-0031	宮城県石巻市南境新水戸1	0225-22-7711	
57	ナ	長崎純心大学	純心大学生涯学習センター	852-8558	長崎県長崎市三ツ山町235	095-846-0084	095-849-1894
58	ム	武庫川女子大学	武庫川女子大学オープンカレッジ	663-8121	兵庫県西宮市戸塚町1-13	0798-67-1450	
59	ダ	大同工業大学	生涯学習センター	457-0819	名古屋市南区滝春町10-3	052-612-6111	

整理番号		大学名	センター名（施設長）	郵便番号	住所	電話番号	FAX
60	ト	東京電機大学	東京電機大学理工学部産官学交流センター、社会人教育センター	350-0311	埼玉県比企郡鳩山町石坂	0492-96-2911	
61	ナ	長野大学	長野大学生涯学習センター	386-1211	長野県上田市下之郷658-1	0268-39-0001	
62	ジ	上智大学	上智大学公開学習センター	102-0094	東京都千代田区紀尾井町7-1	03-3238-3111	
63	キ	京都造形芸術大学	瓜山エクステンションセンター	607-8271	京都府左京区北白川瓜生山2-116	075-791-9124	075-791-9090
64	コ	工学院大学	工学院大学生涯学習センター	160-0023	東京都新宿区西新宿1-24-2	03-3342-1211	
65	セ	専修大学	専修大学エクステンションセンター	101-0051	東京都千代田区神田神保町3-8-1	03-3265-6821	
66	オ	大阪産業大学	大阪産業大学エクステンションセンター	574-8530	大阪府大東市中垣内3-1-1	0720-75-3001	
67	ナ	名古屋学院大学	名古屋学院大学エクステンションセンター	480-1298	愛知県瀬戸市上品野町1350	0561-42-1096	0561-42-1097
			(名古屋学院大学さかえサテライト)	480-0008	名古屋市中区栄4丁目1-1中日ビル7F	052-424-5300	052-242-5341
68	ト	東洋大学	東洋大学生涯学習センター	112-8606	東京都文京区白山5-28-20	03-3945-7224	
69	ホ	法政大学	法政大学エクステンション・カレッジ	102-8160	東京都千代田区富士見2-17-1	03-5261-5104	03-5261-5106
70	ブ	佛教大学	四条センター	603-8008	京都市下京区四条烏丸北東角井ビル4階	075-231-8004	075-231-8437
71	ヤ	山梨学院大学	山梨学院大学生涯学習センター	400-8575	山梨県甲府市酒折2-4-5	055-224-1290	
72	サ	札幌国際大学	REC 北海道環境文化研究センター	004-8602	札幌市清田区清田四条1-4-1	011-881-8844	011-885-3370
73	ホ	北海道女子大学	生涯学習センター	069-8511	北海道江別市文京台23	011-386-8011	
74	ハ	八戸大学	総合研究所	031-0844	青森県八戸市美保野13-98	0178-25-3111	
75	フ	富士大学	附属地域経済文化研究所	025-0025	岩手県花巻市下根子450-3	0198-23-6221	
76	モ	盛岡大学	比較文化研究センター	020-0173	岩手県岩手郡滝沢村滝沢字砂込808	019-688-5555	
77	ミ	宮城学院女子大学	生涯学習センター	981-0961	宮城県仙台市青葉区桜ヶ丘9-1-1	022-279-1311	

5章 大学開放センターの発展 215

整理番号		大学名	センター名（施設長）	郵便番号	住　　所	電話番号	FAX
78	ト	常磐大学	生涯学習センター準備委員会	310-0911	茨城県水戸市見和1-430-1	029-232-2511	
79	サ	埼玉工業大学	科学技術研究所	369-0203	埼玉県大里郡岡部町普済寺1690	0485-85-2521	
80	ジ	城西大学	国際文化教育センター	350-0295	埼玉県坂戸市けやき台1番1号	0492-71-7795	0492-71-7981
81	ド	獨協大学	オープンカレッジ	340-0042	埼玉県草加市学園町1-1	0489-42-1111	
82	ブ	文教大学	教育研究所	343-0804	埼玉県越谷市南荻島3337	0489-74-8811	
83	ブ	文京女子大学	生涯学習センター	113	文京区向丘1-19-1	03-5684-4816	
84	メ	明海大学	オープンカレッジ	279-8550	千葉県浦安市明海8	047-355-5115	047-355-5113
85	ケ	敬愛大学	経済文化研究所	263-0024	千葉県稲毛区穴川1-5-21	043-251-6363	
86	シ	聖徳大学	SOA(ソア)センター	271-8555	千葉県松戸市岩瀬宇向山550	047-365-1111	
87	チ	千葉商科大学	経済研究所	272-0827	千葉県市川市国府台1-3-1	047-372-4111	
88	ト	東京基督教大学	共立基督教研究所	270-1347	千葉県印西市内野3-301-5	0476-46-1131	
89	オ	桜美林大学	生涯学習センター	194-0213	東京都町田市常磐町3758	042-797-2661	
90	ガ	学習院大学	生涯学習センター	162-0052	東京都新宿区戸山3-20-1	03-3203-1906	
91	ク	国立音楽大学	教育センター	190-8520	東京都立川市柏町5-5-1	042-536-0321	
92	ケ	慶應義塾大学	理工学部総合科学研究センター	108-0073	東京都港区三田2-15-45	03-3453-4511	
93	ケ	恵泉女学園大学	平和文化研究所	206-0032	東京都多摩市南野2-10-1	042-376-8211	
94	シ	白百合女子大学	児童文化研究センター	182-0001	東京都調布市緑ヶ丘1-25	03-3326-5050	
95	セ	聖心女子大学	キリスト教文化研究所	150-8938	東京都渋谷区広尾4-3-1	03-3407-5811	
96	タ	拓殖大学	経営経理研究所	112-0006	東京都文京区小日向3-4-14	03-3947-2261	
97	タ	多摩大学	コミュニティ・カレッジ	206-0022	東京都多摩市聖ヶ丘4-1-1	042-337-7111	
98	タ	玉川大学	継続学習センター	194-0041	東京都町田市玉川学園6-1-1	042-739-8111	
99	ト	東京家政大学	生涯学習センター	173-8602	東京都板橋区加賀1-18-1	03-3961-5226	

整理番号		大学名	センター名（施設長）	郵便番号	住所	電話番号	FAX
100	ト	東京女子体育大学	女子体育研究所	186-0003	東京都国立市富士見台4-30-1	042-572-4131	
101	ニ	日本大学	人口研究所	102-0074	東京都千代田区九段南4-8-24	03-5275-8110	
102	ニ	日本女子大学	西生田生涯学習センター	214-8565	川崎市多摩区西生田1-1-1	044-952-6822	044-952-6819
103	ワ	早稲田大学	エクステンションセンター	169-8050	新宿区戸塚町1-104	03-3203-4141	
104	シ	昭和音楽大学	生涯学習センター	215-0004	川崎市麻生区万福寺1-16-6	044-953-1230	044-953-6580
105	ツ	鶴見大学	生涯学習センター「出会いの広場」	230-0062	神奈川県横浜市鶴見区豊岡町3-18	045-574-8686	045-584-4588
106	ト	東洋英和女学院大学	生涯学習センター	226-0015	神奈川県横浜市緑区三保町32	045-922-9707	045-922-9701
107	タ	高岡法科大学	生涯学習教育研究センター	939-1113	富山県高岡市戸出石代307-3	0766-63-3388	
108	カ	金沢経済大学	経済研究所	920-0813	石川県金沢市御所町丑10-1	076-253-3924	
109	ナ	名古屋経済大学	消費問題研究所	484-8504	愛知県犬山内久保61-1	0568-67-0511	
110	セ	成安造形大学	芸術文化交流センター	520-0248	滋賀県大津市仰木の里東4-3-1	077-574-2111	
111	オ	大谷大学	学術交流センター	603-8143	京都市北区小山上総町	075-411-8161	
112	キ	京都橘女子大学	エクステンションセンター	607-8175	京都市山科区大宅山田町34	075-574-4146	
113	コ	光華女子大学・光華女子短期大学真宗文化研究所		615-0882	京都市右京区西京極葛野町38	075-312-1783	
114	リ	立命館大学	エクステンションセンター	603-8577	京都市北区等持院北町56-1	075-465-8297	075-465-7870
115	リ	龍谷大学	龍谷エクステンションセンター(REC)	520-2194	滋賀県大津市瀬田大江町横谷1-5	077-543-7848	077-543-7771
116	オ	造門学院大学	教育研究所	567-0008	大阪府茨木市西安威2-1-15	0726-41-9608	
117	ハ	阪南大学	産業経済研究所	580-0032	大阪府松原市天美東5-4-33	0723-32-1224	
118	シ	四天王寺国際仏教大学	エクステンションセンター	583-0868	大阪府羽曳野市学園前3-2-1	0729-56-3181	
119	プ	プール学院大学	生涯学習センター	590-0114	大阪府堺市檜塚台4-5-1	0722-92-7201	
120	カ	関西国際大学	エクステンションセンター	673-0521	兵庫県三木市志染町青山1-18	0794-85-2288	
121	カ	関西福祉大学	附属地域センター	678-0255	兵庫県赤穂市新田380-3	0791-46-2508	0791-46-2537

5章 大学開放センターの発展 217

整理番号		大学名	センター名（施設長）	郵便番号	住所	電話番号	FAX
122	エ	英知大学	キリスト教文化研究所	661-0974	兵庫県尼崎市若王寺2-18-1	06-6491-5000	
123	コ	甲南大学	総合研究所	658-0072	神戸市東灘区岡本8-9-1	078-431-4341	
124	コ	神戸親和女子大学	生涯学習センター	651-1111	神戸市北区鈴蘭台北町7-13-1	078-591-2934	078-591-5243
125	ソ	園田学園女子大学	エクステンションセンター	661-8502	兵庫県尼崎市南塚口町7-29-1	06-6429-1201	
126	ヒ	姫路獨協大学	国際・地域交流センター	670-0896	兵庫県姫路市上大野7-2-1	0792-23-2211	
127	ナ	奈良大学	総合研究所		奈良県奈良市山陵町1500	0742-44-1251	
128	オ	岡山商科大学	附属経営研究所	700-0087	岡山県岡山市津島京町2-10-1	086-252-0642	
129	サ	山陽学園大学	社会サービスセンター	703-8501	岡山県岡山市平井1-14-1	086-272-6254	086-273-3226
130	ク	呉大学	生涯学習センター	724-0702	広島県呉市郷原学びの丘1-1-1	0823-70-3300	
131	ヒ	比治山大学	生涯学習センター	732-0068	広島市東区牛田新町4-1-1	082-229-0121	
132	ヒ	広島経済大学	地域経済研究所	731-0192	広島市安佐南区祇園5-37-1	082-871-1000	
133	ヒ	広島修道大学	総合研究所	731-3166	広島市安佐南区大塚東1-1-1	082-848-2121	
134	ヒ	広島女学院大学	総合研究所	732-0063	広島市東区牛田4-13-1	082-228-0386	
135	フ	福山大学	附属人間科学研究センター	729-0251	広島県福山市東村町字三蔵985-1	0849-36-2111	
136	ヤ	山口東京理科大学	生涯学習センター	756-0884	山口県小野田市大学通1-1-1	0836-88-3500	
137	マ	松山東雲学園	オープンカレッジ	790-5841	愛媛県松山市大街道3丁目2-24	089-941-4140	
138	キ	九州国際大学	文化交流センター	805-0059	北九州市八幡東区尾倉2丁目6-1	093-663-1611	093-663-1612
139	キ	九州女子大学	生涯学習研究センター	807-0867	北九州市八幡西区自由が丘1-1	093-693-3116	
140	ニ	西日本工業大学	生涯学習センター	800-0394	福岡県京都郡苅田町新津1633-1	0930-2-3-1491	09302-4-7900
141	フ	福岡大学	総合研究所	814-0133	福岡市城南区七隈8-19-1	092-871-6631	
142	フ	福岡女学院大学	生涯学習センター	811-1313	福岡市南区日佐3丁目42-1	092-581-1492	
143	キ	九州ルーテル学院大学	生涯学習センター	860-0862	熊本県熊本市黒髪3-12-16	096-343-1600	

整理番号		大　学　名	センター名（施設長）	郵便番号	住　　所	電話番号	FAX
144	ニ	日本文理大学	教育サービスセンター	870-0316	大分県大分市一木1727-162	097-592-1600	
		〈短期大学〉					
145	タ	高岡短期大学	高岡短期大学開放センター	933-0981	富山県高岡市二上町180	0766-25-9111	
146	ミ	宮城学院女子短期大学	生涯学習センター	981-0961	宮城県仙台市青葉区桜ヶ丘9-1-1	022-279-1311	
147	サ	産能短期大学	オープンカレッジ	158-0082	東京都世田谷区等々力6-39-15	03-3704-4011	
148	シ	淑徳短期大学	エクステンションセンター	174-0063	東京都板橋区前野町5-5-2	03-5392-8888	
149	ト	トキワ松学園横浜美術短期大学	生涯学習センター	227-0033	横浜市青葉区鴨志田町1204	045-963-4105	
150	ヤ	山梨学院短期大学	生涯学習センター　※	400-0805	山梨県甲府市酒折2-4-5	055-224-1400	
151	ナ	名古屋明徳義塾短期大学	生涯学習センター	476-0014	愛知県東海市富貴ノ台2-172	052-601-6000	
152	オ	岡山女子短期大学	生涯学習センター	710-0031	岡山県倉敷市有城787	086-428-2651	
153	サ	山陽女子短期大学	社会サービスセンター　※	703-8282	岡山市平井1-14-1	086-272-6254	
154	イ	岩国短期大学	生涯学習センター	740-0032	山口県岩国市尾津町2-24-18	0827-31-8141	
155	マ	松山東雲短期大学	オープンカレッジ	790-0911	愛媛県松山市桑原3-2-1	089-931-6211	
156	ジ	純心女子短期大学	生涯学習センター　※	852-8142	長崎県長崎市三ツ山町235	095-846-0084	
157	ナ	長崎ウエスレヤン短期大学	生涯学習センター	854-0081	長崎県諫早市栄田町1057	0957-26-1234	
158	カ	鹿児島純心女子短期大学	生涯学習研究センター	890-8525	鹿児島県鹿児島市唐湊4-22-1	099-253-2677	099-254-5247
159	ア	洗足学園魚津短期大学	洗足学園魚津短期大学県民カレッジ女性アカデミー	937-0013	富山県魚津市天神野新148	0765-31-7001	
160	サ	産業技術短期大学	人材開発センター	661-0047	兵庫県尼崎市西昆陽1-27-1	06-6431-7561	
161	ホ	北海道女子短期大学	浅井学園オープンカレッジ	069-0833	北海道江別市文京台23	011-561-4181	
162	サ	桜の聖母短期大学	桜の聖母短期大学生涯学習センター	960-8585	福島県福島市花園町3-6	024-535-2531	024-534-4571

5章 大学開放センターの発展 219

整理番号		大学名	センター名（施設長）	郵便番号	住　所	電話番号	FAX
163	コ	甲南女子大学短期大学部	甲南女子大学生涯学習センター	658-0001	神戸市東灘区森北町6-2-23	078-431-0391	
164	キ	清泉女学院短期大学	教育文化センター	381-0085	長野県長野市上野2-120-8	026-295-5665	026-295-1926
165	ナ	名古屋女子商科短期大学	文化センター	488-0076	愛知県尾張旭市新居町山の田3255-5	0561-54-9611	
166	サ	山陽女子短期大学	山陽女子短期大学生涯学習センター	738-8504	広島県廿日市市佐方本町1-1	0829-32-0909	
167	ク	釧路短期大学	釧路短期大学生涯学習センター	085-0814	北海道釧路市緑ヶ岡1-10-42	0154-41-0131	
168	ナ	長岡短期大学	生涯学習センター	940-0828	新潟県長岡市御山町80-8	0258-39-1903	0258-39-9566
169	コ	神戸山手女子短期大学	神戸山手女子短期大学生涯学習センター	650-0006	兵庫県神戸市中央区諏訪山町3-1	078-341-6060	
170	セ	瀬戸内短期大学	瀬戸内短期大学地域研究教育センター	767-0011	香川県三豊郡高瀬町下勝間2379	0875-72-5191	
171	ヒ	広島文化短期大学	生涯学習センター	731-0135	広島県広島市安佐南区東西3-5-1	082-239-5171	082-239-2863
172	ク	呉大学短期大学部	生涯学習センター	737-0004	広島県呉市阿賀南2-10-3	0823-74-5511	
173	ト	東邦音楽短期大学	生涯学習センター	112-0012	東京都文京区大塚4-46-9	03-3946-9667	

（注）短大の案は、大学が設置のセンターと同一施設。

■著者紹介

中 井 良 宏（なかい・よしひろ）
昭和15年、三重県松阪市生。三重大学卒、名古屋大学大学院教育学研究科修士課程終了。松阪大学教授。
主著その他　『日本教育文化史』共著（明玄書房）、『子どもの教育の歴史』共著（名古屋大学出版会）、『日本教育史』共著（学文社）、『日中比較近代化論』共著（晃洋書房）、『歴史のなかの教師・子ども』共著（福村出版）他

宇 田　光（うだ・ひかる）
昭和31年、三重県津市生。三重大学卒、名古屋大学大学院教育学研究科博士課程後期課程単位取得退学。松阪大学教授。松阪市スクールカウンセラー。
主著その他　『動機づけの発達心理学』共著（有斐閣）、『日本の教育力』共著（金子書房）、『児童・生徒の発達と学習』共著（ナカニシヤ出版）、『効果的な学校カウンセリング』共訳（二瓶社）

片 山 尊 文（かたやま・たかふみ）
昭和25年、高知県生。東京学芸大学卒、東京教育大学大学院修士課程、筑波大学大学院博士課程終了。松阪大学短期大学部教授。
主著その他　『教育心理学』分担執筆（共同出版）、『教育の本質を求めて』分担執筆（福村出版）、『図でよむ心理学―学習―』分担執筆（福村出版）、『図でわかる発達心理学』分担執筆（福村出版）、『これからの教育を考える』分担執筆（福村出版）

山 元 有 一（やまもと・ゆういち）
昭和38年、鹿児島県生。慶応義塾大学卒、慶応義塾大学大学院社会学研究科後期博士課程、単位取得満期退学。松阪大学短期大学部助教授。
主著その他　『若きシュプランガー（１）…1900年以前のシュプランガーに関する歴史的比較考察』（慶応義塾大学社会学研究科紀要第49号、1999年）、『エドゥアルト・シュプランガーと教育アカデミー（前編）』（松阪大学女子短期大学部論叢第37号、1999年）、『エドゥアルト・シュプランガーとコイデル全国学校法案』（松阪大学短期大学部論叢第38号、2000年）他

松阪大学地域社会研究所叢書 3

地域に生きる大学

2001年3月20日　初版第一刷発行Ⓒ

著　者　中井良宏
　　　　宇田光
　　　　片山尊文
　　　　山元有一

発行者　廣橋研三
発行所　和泉書院
〒543-0002　大阪市天王寺区上汐5-3-8
　　　　　　電話　06-6771-1467
　　　　　　振替　00970-8-15043
　　　　　印刷・製本　亜細亜印刷

ISBN 4-7576-0129-8 C0337　装訂／濱崎実幸

◆松阪大学地域社会研究所叢書◆

（価格は税別）

伊勢商人 竹口家の研究	竹口作兵衛・中井良宏　監修 上野利三・髙倉一紀　編	① 三五〇〇円
尾崎行雄の選挙 世界に誇れる咢堂選挙を支えた人々	阪上順夫　著	② 四五〇〇円
地域に生きる大学	中井良宏・宇田光 片山尊文・山元有一　共著	③ 三五〇〇円